Omas beste Sonntagskuchen

Weltbild

Inhalt

Vorwort

Sonntagskuchen machen den Sonntag schön! Egal, wie sie sich präsentieren – sie erfreuen unser Auge stets aufs Neue. Dick belegt mit Früchten, Streuseln oder Quark oder ausgestattet mit leckeren Füllungen aus Konfitüre, Sahne oder Creme, duften sie um die Wette, sehen toll aus und sind immer wieder eine unwiderstehliche (lustvolle!) Verführung für den Gaumen.

Schon unsere Großmütter verstanden es, Hefe-, Backpulver-, Mürb- oder Biskuitteigen durch köstliche Aromen, feinen Belag und edle Glasuren Raffinesse zu geben. Mehr noch: Dekoratives wie farbenfroher Blütenschmuck aus dem Garten, dem Wald oder vom Feld wurde in Genießbares verwandelt und machte das Backwerk noch anziehender und interessanter. Und es lohnt sich, denn verzuckerte Veilchen, Röschen, Robinien, Gänseblümchen oder Holunderblütendolden sehen auf Sonntagskuchen einfach zauberhaft aus und verleihen ihnen eine besondere Note. Wer die Hände gern im Teig hat, mit Leidenschaft knetet, rührt, formt, rollt, rädelt und verziert, kommt beim Nachbacken der Rezepte voll auf seine Kosten und kann obendrein ein eigenes Quäntchen Phantasie mit einbringen. Viel Spaß beim Ausprobieren – vor allem beim Naschen und Genießen.

Rund mit Glasur und Garnitur

Sonntagskuchen von Oma Elise

250 g Butter
250 g Zucker
1 TL Zimt
1 Msp. abgeriebene Muskatnuss
4 Eier
1 TL abgeriebene, unbehandelte Orangenschale
175 g Mehl
125 g Stärkemehl
2 TL Backpulver
6 EL Milch
je 1 EL Semmelbrösel und gemahlene Mandeln

Für die Glasur

125 g Aprikosenkonfitüre
200 g Puderzucker
2 EL Zitronensaft
1 TL weiche Butter

Außerdem

125 g Cashewkerne
2 EL Zucker
4 EL Weißwein
1 1/2 EL Butter

Die Butter in eine Schüssel geben und schaumig schlagen. Nach und nach den Zucker zugeben und weiterschlagen, bis die Masse schaumig ist. Zimt, Muskat und die Eier unterschlagen. Orangenschale zufügen. Mehl,

Stärkemehl und Backpulver vermischen und sieben und mit der Milch nach und nach einrühren. Eine Napfkuchenform ausbuttern. Semmelbrösel und Mandeln mischen und die Form damit ausstreuen. Den Teig einfüllen, glatt streichen und im vorgeheizten Backofen bei 200 °C (Gas: Stufe 3, Umluft: 180 °C) etwa 1 Stunde backen. Den Kuchen herausnehmen, noch einige Minuten in der Form lassen, anschließend auf ein Kuchengitter setzen.

Die Aprikosenkonfitüre durch ein Sieb streichen, leicht erwärmen und den Kuchen damit überziehen. Für die Glasur den Puderzucker sieben, mit 1 Esslöffel kochendem Wasser, Zitronensaft und der Butter verrühren, den Kuchen damit glasieren. Die Nüsse der Länge nach halbieren. In einer kleinen Pfanne den Zucker zu Karamell schmelzen. Den Wein und die Butter zufügen und so lange rühren, bis sich die Zuckerkristalle gelöst haben. Die Nüsse zugeben und ringsum mit dem Karamell überziehen. Auskühlen lassen und den Kuchen damit garnieren.

Mandelkuchen

275 g Butter
300 g Zucker
6 Eier
1 Prise Salz
3 Tropfen Bittermandelaroma
1/2 TL abgeriebene, unbehandelte Zitronenschale
300 g Mehl
120 g Stärkemehl
1 Päckchen Backpulver
200 g gemahlene Mandeln
Semmelbrösel für die Form

Außerdem
125 g Orangenmarmelade
125 g geschälte, unzerteilte, geröstete Mandeln

In einer Schüssel die Butter schaumig rühren. Nach und nach den Zucker und danach einzeln die Eier unterrühren. Salz, Bittermandelaroma und Zitronenschale zufügen. Mehl, Stärkemehl und Backpulver vermischen, sieben und esslöffelweise einrühren. Die Mandeln unter den Teig heben. Eine Napfkuchenform ausbuttern und mit Semmelbröseln ausstreuen. Den Teig einfüllen und glatt streichen. Im vorgeheizten Backofen bei 200 °C (Gas: Stufe 3, Umluft: 180 °C) etwa 1 Stunde backen. Herausnehmen, den Kuchen noch einige Minuten in der Form lassen, dann auf ein Kuchengitter stürzen.
Die Orangenmarmelade durch ein Sieb streichen, leicht erwärmen, den Kuchen damit überziehen und mit den Mandeln verzieren.

Marmorkuchen

250 g Butter
1 Päckchen Vanillezucker
225 g Zucker
4 Eier
1 Prise Salz
400 g Mehl
100 g Stärkemehl
1 Päckchen Backpulver
6–8 EL Milch
Semmelbrösel für die Form
75 g Bitterschokolade
3 EL Kakao
4 EL Sahne

Für die Glasur

200 g Puderzucker
3 EL Kakao
1 EL weiche Butter

In einer Schüssel die Butter schaumig rühren. Vanillezucker und 200 Gramm Zucker nach und nach einrühren, den restlichen Zucker für den Schokoladenteig beiseite stellen. Nach und nach die Eier einrühren, das Salz zufügen. Mehl, Stärkemehl und Backpulver vermischen, sieben und allmählich mit der Milch einrühren. Eine Napfkuchenform ausbuttern, mit Semmelbröseln ausstreuen und die Hälfte des Teiges einfüllen. Für den restlichen Teig die Schokolade zerbröckeln, über heißem Wasserbad schmelzen und mit dem Kakao, dem restlichen Zucker und der Sahne unter den Teig rühren. Den Schokoladenteig auf den hellen Teig geben und glatt streichen. Für das Marmormuster eine Gabel spiralförmig durch den dunklen und hellen Teig ziehen. Im vorgeheizten Backofen bei 200 °C (Gas: Stufe 3, Umluft: 180 °C) etwa 1 Stunde backen. Herausnehmen, noch einige Minuten in der Form lassen, dann auf ein Kuchengitter stürzen. Mit Puderzucker bestäuben oder für die Glasur den Puderzucker sieben und mit dem Kakao, 3 Esslöffel kochendem Wasser und der Butter verrühren. Den Kuchen damit überziehen.

Tassenkuchen mit kandierten Veilchen

2 Tassen (200 ml) Mehl
1 Päckchen Backpulver
2 Tassen Grieß
3 Eier
2 Tassen Milch
2 Tassen Zucker
1 Prise Salz
$^{1}/_{2}$ TL abgeriebene, unbehandelte Zitronenschale

Für die Glasur
125 g Aprikosenkonfitüre
200 g Puderzucker
2 EL Zitronensaft
2 EL weiche Butter

Für die kandierten Veilchen
1 Hand voll frisch gepflückte Veilchen
150 g Zucker

Mehl und Backpulver vermischen und in eine Schüssel sieben. Den Grieß zugeben und untermischen. In die Mitte eine Vertiefung drücken. Eier, Milch, Zucker, Salz und Zitronenschale in die Vertiefung geben und die Zutaten von der Mitte her zu einem glatten, geschmeidigen Teig verarbeiten. Eine Springform ausbuttern, den Teig einfüllen und bei 180 °C (Gas: Stufe 2, Umluft: 160 °C) etwa 45 Minuten backen.
Die Aprikosenkonfitüre durch ein Sieb streichen, in einem kleinen Topf leicht erwärmen und den Kuchen damit überziehen. Auskühlen lassen. Den Puderzucker sieben, mit 1 Esslöffel heißem Wasser, dem Zitronensaft und der Butter verrühren und den Kuchen damit bestreichen.
Die Veilchenblüten kurz mit kochendem Wasser überbrühen und abtropfen lassen. Den Zucker in etwas Wasser aufkochen, bis er Blasen wirft. Die Veilchenblüten hineingeben und kurz mitkochen. Die Mischung auskühlen lassen. Sobald der Zucker trocken geworden ist, die Blüten einzeln aus der Zuckerverkrustung nehmen und auf Pergamentpapier erstarren lassen. Den Kuchen damit dekorieren.
Tipp: Für die Rezepte werden Eier von frei laufenden Hühnern mit einem Gewicht von 65 bis 70 Gramm verwendet.

Gugelhupf mit Rum

500 g Mehl
30 g Hefe
80 g Zucker
$^1/_2$ l Milch
100 g weiche Butter
1 TL abgeriebene, unbehandelte Zitronenschale
4 Eier
Semmelbrösel für die Form

Für die Glasur
125 g Zucker
$^1/_8$ l Rum
$^1/_2$ TL abgeriebene Zitronenschale
125 g Aprikosenkonfitüre
125 g Sahne
2 TL Zucker
200 g geriebene Blockschokolade

Das Mehl in eine Schüssel sieben, in die Mitte eine Vertiefung drücken. Die Hefe mit 1 Teelöffel Zucker in etwas lauwarmer Milch auflösen und in die Vertiefung gießen. Etwas Mehl vom Rand einrühren und einen Vorteig herstellen. Zugedeckt 15 Minuten gehen lassen. Restlichen Zucker, Butter, Zitronenschale und Eier auf dem Mehlrand anordnen und alles zu einem glatten, dickflüssigen Teig verarbeiten, dabei die restliche Milch zugeben. Eine Gugelhupfform ausbuttern, mit Semmelbröseln ausstreuen, den Teig einfüllen und 30 Minuten gehen lassen. Im vorgeheizten Backofen bei 200 °C (Gas: Stufe 3, Umluft: 180 °C) 50 Minuten backen.

Den Zucker mit 1/8 Liter Wasser erhitzen, so dass sich der Zucker auflösen kann. Rum und Zitronenschale zufügen, den Kuchen mit der Rummischung tränken. Die Aprikosenkonfitüre durch ein Sieb streichen, leicht erwärmen und den Kuchen damit überziehen. Die Sahne und den Zucker in einen Topf geben, leicht erhitzen, aber nicht zum Kochen bringen. Die Blockschokolade zufügen, alles glatt rühren und den Kuchen damit überziehen.

Teekuchen

Für den Knetteig
250 g Mehl
1 TL Backpulver
80 g Zucker
1/2 TL abgeriebene, unbehandelte Zitronenschale
2 EL Milch
125 g kalte Butter

Für den Biskuitteig
200 g Rosinen
3 EL Rum
6 Eier
200 g Zucker
1/2 TL abgeriebene Zitronenschale
250 g Mehl
1 TL Backpulver
100 g gehackte Mandeln
100 g fein geschnittenes Zitronat
125 g zerlassene, ausgekühlte Butter

Für die Glasur
125 g Orangenmarmelade
Puderzucker

Für den Knetteig Mehl und Backpulver vermischen, in eine Schüssel sieben und in die Mitte eine Vertiefung drücken. Zucker, Zitronenschale und Milch hineingeben und mit etwas Mehl zu einem dicklichen Brei kneten. Die Butter in Stücke schneiden, auf den Brei geben und alles zu einem glatten Teig verkneten. 30 Minuten kalt stellen. Eine Springform ausbuttern. Die Hälfte des Teiges auf bemehlter Fläche ausrollen, in die Form geben und einen Rand hochziehen. Den restlichen Teig ebenfalls ausrollen und in 1 Zentimeter breite Streifen schneiden.
Für den Biskuitteig die Rosinen mit dem Rum beträufeln. Die Eier trennen. Eigelb mit 1 Esslöffel warmem Wasser schaumig schlagen. Den Zucker zugeben und die Masse cremig schlagen. Zitronenschale zufügen. Eiweiß steif schlagen und dazugeben. Mehl und Backpulver vermischen und auf den Eischnee sieben, Mandeln, Zitronat und Rosinen ebenfalls aufstreuen. Alles unter die Eigelbmasse ziehen. Nach und nach die Butter untermischen. Den Teig in die Springform auf den Knetteig geben, glatt streichen und gitterförmig mit den Teigstreifen belegen. Im vorgeheizten Backofen bei 200 °C (Gas: Stufe 3, Umluft: 180 °C) etwa 1 Stunde backen.
Orangenmarmelade durch ein Sieb streichen, leicht erwärmen und den Kuchen damit überziehen. Leicht mit Puderzucker bestäuben.

Zitronenkuchen

250 g Butter
250 g Zucker
5 Eier
1 Prise Salz
3 EL Rum
250 g Mehl
100 g Stärkemehl
2 EL Backpulver
$^{1}/_{8}$ l Zitronensaft
150 g Puderzucker
Semmelbrösel für die Form

In einer Schüssel die Butter schaumig rühren. Nach und nach den Zucker und danach die Eier einrühren. Salz und Rum zufügen. Mehl, Stärkemehl und Backpulver vermischen, sieben und unter den Teig rühren. Eine Napfkuchenform ausbuttern und mit Semmelbröseln ausstreuen, den Teig einfüllen und glatt streichen. Im vorgeheizten Backofen bei 200 °C (Gas: Stufe 3, Umluft: 180 °C) etwa 50 Minuten backen.

Den Kuchen herausnehmen und einige Minuten auskühlen lassen. Anschließend aus der Form lösen und auf ein Kuchengitter setzen. Den Kuchen auf der Oberseite mit einem Hölzchen oder einer Stricknadel dicht nebeneinander einstechen.

Den Zitronensaft mit 100 Gramm Puderzucker verrühren und über den Kuchen gießen. Mit dem restlichen Puderzucker bestäuben.

Biskuitkuchen mit Mandeldecke

3 Eier
150 g Zucker
1 Päckchen Vanillezucker
1 Prise Salz
150 g Mehl
1 Päckchen Puddingpulver Vanillegeschmack
$1^1/_2$ TL Backpulver
80 g zerlassene Butter

Für die Decke
2 TL Mehl
4 EL Sahne
125 g Butter
100 g Zucker
150 g gemahlene Pistazien oder Mandeln

Außerdem
75 g Zartbitterkuvertüre

Die Eier in eine Schüssel geben und mit 3 Esslöffel warmem Wasser schaumig schlagen. Nach und nach Zucker und Vanillezucker zugeben, weiterschlagen, bis die Masse cremig ist. Salz zufügen. Mehl, Puddingpulver und Backpulver vermischen, sieben und allmählich mit der Butter unterziehen. Nicht rühren. Eine Springform mit Backpapier auslegen, den Teig einfüllen, glatt streichen und sofort im vorgeheizten Backofen bei 200 °C (Gas: Stufe 3, Umluft: 180 °C) 25 Minuten vorbacken.
Für die Decke Mehl und Sahne verrühren. Die Butter und den Zucker in einen Topf geben, unter Rühren erhitzen. Die Pistazien und das angerührte Mehl unterrühren. Unter Rühren kurz aufkochen und danach auskühlen lassen.

Die Masse auf den vorgebackenen Kuchen streichen und noch weitere 20 Minuten backen. Die Decke soll nicht zu dunkel werden, deshalb – wenn nötig – mit Pergamentpapier abdecken. Die Kuvertüre zerkleinern, über heißem Wasserbad schmelzen und zarte Linien über den Kuchen ziehen.

Gefüllter Mandelkranz

200 g Mehl
100 g Stärkemehl
100 g weiche Butter
1 Prise Salz
6 Eier
2 TL Backpulver

Für die Füllung

3 Blatt weiße Gelatine
2 Eigelb
2 EL Zucker
2 EL Amaretto
200 g Sahne
2 Eiweiß

Für die Glasur

125 g Puderzucker
1 EL Rum
1 EL Zitronensaft
50 g geröstete Mandelblättchen

Mehl und Stärkemehl mischen und sieben. 1/2 Liter Wasser mit der Butter und dem Salz in einen Topf geben, aufkochen lassen und vom Herd nehmen. Die Mehlmischung auf einmal hineingeben und unter kräftigem Rühren einen glatten Kloß herstellen. 1 Minute erhitzen, dann den Kloß in eine Schüssel geben. Nach und nach die Eier einrühren. Der Teig muss stark glänzen und dick und schwer vom Löffel fallen. Zuletzt das Backpulver in den erkalteten Teig geben. Ein Backblech ausbuttern, den Teig in einen Spritzbeutel ohne Tülle füllen und einen Ring auf das Backblech spritzen. Im vorgeheizten Backofen bei 200 °C (Gas: Stufe 3, Umluft: 180 °C) etwa 35 Minuten backen. Den Ofen während den ersten 20 Minuten nicht öffnen, das Backwerk fällt sonst zusammen. Herausnehmen und den Kranz aufschneiden. Für die Füllung die Gelatine in etwas kaltem Wasser einweichen. Eigelb, Zucker und Amaretto verrühren. Die abgetropfte Gelatine in Esslöffel heißem Wasser auflösen und zur Eigelbmischung geben. Sobald die Masse zu gelieren beginnt, die steif geschlagene Sahne unterziehen. Das Eiweiß steif schlagen und unterheben. Mit dieser Masse den Kranz füllen. Für die Glasur den Puderzucker sieben und mit dem Rum und dem Zitronensaft verrühren. Den Kranz damit glasieren und mit Mandelblättchen bestreuen.

Sonntagskranzkuchen

125 g Butter
200 g Zucker
125 g gehackte Mandeln
4 Eier
1 Prise Salz
$^1/_2$ TL abgeriebene, unbehandelte Zitronenschale
175 g Mehl
50 g Stärkemehl
2 TL Backpulver
100 g geraspelte Zartbitterschokolade

Für die Glasur

250 g Puderzucker
1 EL Instantkaffee
1 EL weiche Butter
Pralinen zum Dekorieren (Fertigware)

10 Gramm Butter und 1 Esslöffel Zucker erhitzen und goldgelb werden lassen. Die Mandeln zugeben, unter Rühren erhitzen, bis sie goldbraun sind, danach auf ein Kuchenblech geben. In einer Schüssel die restliche Butter schaumig rühren, nach und nach den restlichen Zucker unterrühren. Die Eier einzeln unterrühren, Salz und Zitronenschale zufügen. Mehl, Stärkemehl und Backpulver vermischen, sieben und esslöffelweise unterrühren. Die Mandeln auf dem Kuchenblech mit einem Nudelholz zerkleinern und mit der Schokolade zum Teig geben. Eine Kranzform ausbuttern, den Teig einfüllen und im vorgeheizten Backofen bei 180 °C (Gas: Stufe 2, Umluft: 160 °C) etwa 45 Minuten backen. Herausnehmen,

noch einige Minuten auskühlen lassen, aus der Form nehmen und auf ein Kuchengitter setzen.
Den Puderzucker in eine Schüssel sieben. Den Instantkaffee in 2 Esslöffel kochendem Wasser auflösen und mit der Butter zum Puderzucker geben. Alles glatt rühren. Den Kuchen damit überziehen und mit Pralinen dekorieren.

Selterswasserkuchen

2 EL Rosinen
1 EL Weinbrand
4 Eier
2 Tassen (200 ml) Zucker
1 Tasse neutrales Öl
3 Tassen Mehl
1 Päckchen Backpulver
1 Prise Salz
1 TL abgeriebene, unbehandelte Zitronenschale
50 g fein geschnittenes Zitronat
1 Tasse Selterswasser
Semmelbrösel für die Form

Für die Glasur
100 g Orangenmarmelade
1 unbehandelte Orange
2 EL Orangensaft
200 g Puderzucker

Die Rosinen mit dem Weinbrand beträufeln und mindestens 1 Stunde ziehen lassen. Eier, Zucker und Öl in eine Schüssel geben und schaumig schlagen. Mehl und

Backpulver vermischen, sieben und mit dem Salz, der Zitronenschale und dem Zitronat zur Eiermischung geben. Gut verrühren und die Rosinen untermengen. Zuletzt das Selterswasser einrühren. Eine Napfkuchenform ausbuttern und mit Semmelbröseln ausstreuen. Den Teig einfüllen und im vorgeheizten Backofen bei 200 °C (Gas: Stufe 3, Umluft: 180 °C) etwa 50 Minuten backen. Herausnehmen, noch einige Minuten in der Form lassen, dann auf ein Kuchengitter setzen.
Die Orangenmarmelade leicht erwärmen und den Kuchen damit überziehen. Die Orange dünn abschälen und die Schale in feine Streifen schneiden. Den Orangensaft mit dem gesiebten Puderzucker und 1 Esslöffel kochendem Wasser verrühren. Leicht über heißem Wasserbad erwärmen, den Kuchen damit glasieren und mit Orangenstreifen verzieren.

Kartoffelkuchen

300 g Kartoffeln (mehligkochend)
175 g Mehl
60 g Stärkemehl
1 Päckchen Backpulver
5 Eier
125 g Butter
200 g Zucker
1 TL abgeriebene, unbehandelte Zitronenschale
100 g gemahlene Mandeln
100 g gehackte Mandeln
50 g fein geschnittenes Zitronat
Semmelbrösel für die Form

Für die Glasur

200 g Puderzucker
2 EL Zitronensaft
2 EL Kokosfett

Außerdem

Zestenstreifen von 2 unbehandelten Zitronen
Kandierte Röschen (–> Seite 86)

Die Kartoffeln in der Schale kochen, pellen und noch heiß durch die Kartoffelpresse in eine Schüssel drücken. Die Masse mit zwei Gabeln auflockern und auskühlen lassen. Mehl, Stärkemehl und Backpulver vermischen und auf die Kartoffelmasse sieben. Alles vermischen. Die Eier trennen. In einer zweiten Schüssel die Butter schaumig schlagen, nach und nach den Zucker und danach die Eigelbe unterschlagen. Zitronenschale, Mandeln, Zitronat und die Kartoffel-Mehl-Mischung unterrühren. Eiweiß steif schlagen und unterheben. Eine Springform

ausbuttern, mit Semmelbröseln ausstreuen, den Teig einfüllen, glatt streichen und im vorgeheizten Backofen bei 180 °C (Gas: Stufe 2, Umluft: 160 °C) etwa 50 Minuten backen. Herausnehmen, noch einige Minuten in der Form lassen, dann auf ein Kuchengitter setzen.
Den Puderzucker in eine Schüssel sieben, Zitronensaft und das zerlassene, ausgekühlte Kokosfett einrühren. Den Kuchen damit überziehen und mit Zestenstreifen und kandierten Röschen dekorieren.

Hefekranz

500 g Mehl
30 g Hefe
80 g Zucker
1/4 l Milch
1 Prise Salz
80 g Butter
1 Ei

Für die Füllung

Je 2 EL Rosinen und Korinthen
6 EL Rum
250 g gehackte Mandeln
125 g Zucker
1 Päckchen Vanillezucker
4 EL Sahne

Außerdem

125 g Aprikosenkonfitüre
200 g Puderzucker
2 EL Zitronensaft
2 EL Kokosfett
Schokoladenstreusel

Für den Teig das Mehl in eine Schüssel sieben, in die Mitte eine Vertiefung drücken. Die Hefe und 1 Teelöffel Zucker in etwas lauwarmer Milch verrühren, in die Vertiefung gießen und etwas Mehl vom Mehlrand einrühren. Zugedeckt 20 Minuten gehen lassen. Auf dem Mehlrand den restlichen Zucker, Salz, Butter und Ei anordnen. Von der Mitte her die Zutaten verkneten, dabei die restliche Milch zufügen. Zugedeckt 30 Minuten gehen lassen. Den Teig durchkneten, auf bemehlter Fläche zu einem Rechteck von 30 mal 40 Zentimeter ausrollen.
Für die Füllung Rosinen und Korinthen mit Rum, Mandeln, Zucker, Vanillezucker und Sahne vermischen. Die Mischung auf dem Teig verteilen. Von der Längsseite her den Teig gleichmäßig aufrollen. Einen Kranz formen. Das Backblech ausbuttern, den Kranz auflegen und den äußeren Kranzrand im Abstand von 2 Zentimeter einschneiden. 15 Minuten gehen lassen. Im vorgeheizten Backofen bei 200 °C (Gas: Stufe 3, Umluft: 180 °C) etwa 45 Minuten backen.
Die Aprikosenkonfitüre mit 2 Esslöffel Wasser erhitzen, durch ein Sieb streichen und den Kranz damit überziehen. Puderzucker in eine Schüssel sieben und mit dem Zitronensaft und dem zerlassenen, ausgekühlten Kokosfett verrühren. Den Kranz damit glasieren und mit Schokoladenstreuseln verzieren.

Marmeladenkranz

750 g Mehl
1 1/2 Päckchen Backpulver
200 g Zucker
Salz
1 TL abgeriebene, unbehandelte Zitronenschale
4 Eier
6–8 EL Milch
300 g kalte Butter
200 g Orangenmarmelade
150 g Korinthen
200 g gehackte Haselnüsse
Je 50 g fein geschnittenes Zitronat und Orangeat
80 g zerlassene Butter
4 EL Rum

Für die Glasur

200 g Puderzucker
3 EL Zitronensaft
1 EL zerlassenes Kokosfett
4 EL gemahlene Pistazien

Mehl und Backpulver vermischen und auf eine Arbeitsfläche sieben, in die Mitte eine Vertiefung drücken. Zucker, Salz, Zitronenschale, Eier und Milch hineingeben und mit einem Teil des Mehls verkneten. Die Butter in Stücke schneiden und obenauf geben. Alles zu einem glatten Teig verkneten und auf bemehlter Fläche zu einem Rechteck ausrollen. Die Marmelade durch ein Sieb geben und den Teig damit bestreichen. Korinthen, Nüsse, Zitronat, Orangeat, Butter und Rum vermischen und auf der Marmelade verteilen. Den Teig aufrollen und zu einem Kranz formen. Ein Backblech ausbuttern, den

Kranz darauf setzen. Mit einem Messer die Oberfläche in gleichmäßigen Abständen kreuzweise einschneiden. Im vorgeheizten Backofen bei 200 °C (Gas: Stufe 3, Umluft: 180 °C) etwa 1 Stunde backen. Herausnehmen und auskühlen lassen.
Für die Glasur den Puderzucker sieben und mit dem Zitronensaft, 1 Esslöffel heißem Wasser und dem Kokosfett verrühren. Den Kranz damit überziehen und mit Pistazien bestreuen.

Aschkuchen mit Schokolade

200 g Butter
200 g Zucker
1 Päckchen Vanillezucker
1 Prise Salz
3 EL Rum
4 Eier
1/8 l Milch
400 g Mehl
100 g Stärkemehl
1 Päckchen Backpulver
200 g bittere Blockschokolade
Semmelbrösel für die Form

Für die Glasur

200 g Puderzucker
3 EL Kakao
1 EL weiche Butter
Schokoladenstreusel

In einer Schüssel die Butter schaumig schlagen. Nach und nach den Zucker einrühren. Vanillezucker, Salz und

Rum ebenfalls zufügen. Die Eier trennen. Nach und nach Eigelb und Milch einrühren. Mehl, Stärkemehl und Backpulver vermischen, sieben und allmählich unter den Teig rühren. Schokolade zerkleinern, Eiweiß steif schlagen und beides unter den Teig heben. Eine Napfkuchenform ausbuttern und mit Semmelbröseln ausstreuen. Den Teig einfüllen und glatt streichen. Im vorgeheizten Backofen bei 200 °C (Gas: Stufe 3, Umluft: 180 °C) etwa 1 Stunde backen. Herausnehmen, einige Minuten in der Form auskühlen lassen, dann auf ein Kuchengitter setzen.

Für die Glasur den Puderzucker sieben und mit 3 Esslöffel kochendem Wasser, dem Kakao und der Butter verrühren. Den Kuchen damit glasieren und mit Schokoladenstreuseln bestreuen.

Mohnkranz

300 g abgetropfter Sahnequark
$^1/_8$ l Milch
$^1/_8$ l Öl
150 g Zucker
1 TL abgeriebene, unbehandelte Zitronenschale
1 Prise Salz
600 g Mehl
1 $^1/_2$ Päckchen Backpulver

Für die Füllung
$^3/_8$ l Milch
50 g Butter
4 EL Sahne
1 Prise Salz
125 g Zucker
1 Päckchen Puddingpulver Mandelgeschmack
300 g gemahlener Mohn
4 EL gehackte Mandeln
1 Ei
2 EL Korinthen

Außerdem
3 EL Kaffeesahne
200 g Puderzucker
2 EL Zitronensaft
2 EL weiche Butter
Geröstete Mandelhälften

Für den Teig den Quark durch ein Sieb in eine Schüssel streichen und mit Milch, Öl, Zucker, Zitronenschale und Salz verrühren. Mehl und Backpulver vermischen. Die Hälfte auf die Quarkmischung sieben und einrühren. Das restliche Mehl unterkneten. Den Teig auf bemehlter Fläche ausrollen. Ein Backblech ausbuttern.
Für die Füllung die Milch mit Butter, Sahne, Salz und Zucker zum Kochen bringen. Das Puddingpulver in etwas

kaltem Wasser glatt rühren und mit dem Mohn zur Milch geben. Unter Rühren mehrmals aufkochen lassen. Vom Herd nehmen und etwas auskühlen lassen. Die Mandeln, das Ei und die Korinthen einrühren. Die Masse auf den ausgerollten Teig streichen, den Teig aufrollen und zu einem Kranz formen. Ein Backblech ausbuttern, den Kranz auflegen, mit Kaffeesahne bestreichen und im vorgeheizten Backofen bei 200 °C (Gas: Stufe 3, Umluft: 180 °C) etwa 1 Stunde backen. Herausnehmen und auskühlen lassen.

Den Puderzucker mit 1 Esslöffel heißem Wasser, dem Zitronensaft und der Butter verrühren. Den Kranz damit glasieren und mit Mandelhälften verzieren.

Schmalzkuchen

200 g Gänsefett
150 g Zucker
1 Päckchen Vanillezucker
4 Eier
1 Prise Salz
4 EL Weinbrand
400 g Mehl
1 EL Stärkemehl
2 gestrichene TL Backpulver
6 EL Milch
150 g Johannisbeergelee
Je 2 EL geröstete Mandeln
und Haferflocken

Außerdem

Puderzucker

In einer Schüssel Gänsefett, Zucker und Vanillezucker schaumig schlagen. Eier, Salz und Weinbrand einrühren. Mehl, Stärkemehl und Backpulver vermischen, sieben und nach und nach mit der Milch unterrühren und sämig schlagen. Eine Napfkuchenform ausbuttern, den Teig einfüllen, glatt streichen und im vorgeheizten Backofen bei 200 °C (Gas: Stufe 3, Umluft: 180 °C) etwa 50 Minuten backen. Herausnehmen und auskühlen lassen.
Für die Glasur das Johannisbeergelee erhitzen, Haferflocken und Mandeln einrühren, den Kuchen damit überziehen und mit Puderzucker bestäuben.

Schokoladenkuchen

6 Eier
125 g Zucker
1 Prise Salz
100 g Mehl
1 EL Stärkemehl
100 g gemahlene Mandeln
1 EL Kakao
125 g geriebene Zartbitterschokolade
100 g Butter

Für die Glasur
125 g Aprikosenkonfitüre
200 g weiße Kuvertüre

Für die Dekoration
4 gerade aufgeblühte Holunderdolden
4 Eiweiß
250 g feiner Zucker
Schokoladenblätter (-> Seite 31)

Für die Blütendekoration die Holunderdolden unter fließendem Wasser waschen und abtropfen lassen. Das Eiweiß mit einer Gabel aufschlagen. Die Holunderdolden ganz oder zerteilt in die Eiweißmasse tauchen, die Flüssigkeit etwas abschwenken, danach zuerst das Blüteninnere, dann das Äußere mit Zucker bestreuen. Im vorgeheizten Backofen bei 50 °C trocknen lassen, die Ofentür dabei spaltbreit geöffnet lassen.

Für den Teig die Eier trennen. Eigelb in eine Schüssel geben und mit 2 Esslöffel lauwarmem Wasser schaumig schlagen. Nach und nach den Zucker einrühren. Eiweiß mit Salz steif schlagen und unterziehen. Mehl und Stärkemehl auf die Eiweißmasse sieben und mit Mandeln, Kakao und Schokolade unterheben. Die Butter zerlassen, auskühlen lassen und unter den Teig ziehen. Eine Springform mit Backpapier auslegen, den Teig einfüllen, glatt streichen und im vorgeheizten Backofen bei 180 °C (Gas: Stufe 2, Umluft: 160 °C) etwa 45 Minuten backen. Herausnehmen, auskühlen lassen und den Kuchen auf ein Kuchengitter setzen.

Die Aprikosenkonfitüre durch ein Sieb streichen, leicht erwärmen und den Kuchen damit bestreichen. Die Kuvertüre zerkleinern, über heißem Wasserbad schmelzen, den Kuchen damit überziehen. Mit Schokoladenblättchen und kandierten Blüten dekorieren.

Topfkuchen mit Goldfäden

200 g Rosinen
4 EL Rum
50 g Zitronat
6 Eier
250 g Butter
200 g Zucker
500 g Mehl
1 Päckchen Backpulver
$^{1}/_{8}$ l Milch
125 g gehackte Mandeln

Für die Glasur

200 g Zartbitterkuvertüre
200 g Zucker
1 TL Zitronensaft

Außerdem

2 EL gehackte Mandeln

Die Rosinen mit dem Rum begießen, das Zitronat in kleine Würfel schneiden. Die Eier trennen. Butter, Zucker und Eigelb in einer Schüssel schaumig schlagen. Das Mehl mit dem Backpulver vermischen und sieben. Nach und nach mit der Milch einrühren. Rosinen, Zitronat und Mandeln unterrühren. Eiweiß steif schlagen und unterheben. Eine Napfkuchenform ausbuttern und mit den Mandeln ausstreuen. Den Teig einfüllen und glatt streichen. Bei 200 °C (Gas: Stufe 3, Umluft: 180 °C) etwa 1 Stunde backen. Für die Glasur die Kuvertüre zerkleinern, über heißem Wasserbad schmelzen und den ausgekühlten Kuchen damit überziehen.
Für die Goldfäden den Zucker mit dem Zitronensaft und 3 Esslöffel Wasser aufkochen, schmelzen und goldgelb

karamellisieren. Etwas auskühlen lassen. Mit einer Gabel aus dem Karamell feine Fäden ziehen und üppig um den Kuchen spinnen.

Nusskuchen mit Feigen

125 g Rosinen
4 EL Rum
16 getrocknete Feigen
8 Eier
200 g Zucker
150 g Mehl
50 g Stärkemehl
1 Prise Zimt
200 g geschälte, halbierte Haselnüsse
100 g grob zerkleinerte Walnüsse

Für die Glasur und die Dekoration

300 g Zartbitterschokolade
Rosenblätter

Die Rosinen mit dem Rum beträufeln. Die Feigen in kleine Würfel schneiden. Die Eier trennen. Eigelb in eine Schüssel geben und mit 4 Esslöffel lauwarmem Wasser schaumig schlagen. Nach und nach den Zucker unterrühren. Mehl, Stärkemehl und Zimt vermischen und allmählich unterrühren. Eiweiß steif schlagen und unterheben. Zuletzt Haselnüsse, Walnüsse, Rosinen und Feigen unterheben. Eine Springform mit Backpapier auslegen, den Teig einfüllen, glatt streichen und im vorgeheizten

Backofen bei 180 °C (Gas: Stufe 2, Umluft: 160 °C) etwa 45 Minuten backen.
Für die Glasur die Kuvertüre zerkleinern und über heißem Wasser bei maximal 50 °C zum Schmelzen bringen. Ein Viertel der geschmolzenen Kuvertüre beiseite stellen. Mit der restlichen Kuvertüre den Kuchen überziehen. Für die Dekoration gereinigte Rosenblätter auf der Oberseite mit Kuvertüre bepinseln. Sobald die Schicht fest geworden ist, ein weiteres Mal mit Kuvertüre bepinseln und kühl stellen. Danach die Blätter von der Schokolade abziehen. Mit den Schokoladenblättern den Kuchen garnieren.

Mohrrübenkuchen

500 g Möhren
12 Eier
500 g Zucker
500 g geriebene Mandeln
4 EL Arrak
4 EL Stärkemehl
1 Prise Zimt
1 Prise Salz

Für die Glasur

125 g Aprikosenkonfitüre
250 g Puderzucker
3 EL Kakao
1 EL weiche Butter

Außerdem

2 EL gehackte Mandeln
125 g geröstete Mandelblättchen
12 Marzipanmöhrchen (Fertigware)

Die Möhren putzen, waschen und fein reiben. Die Eier trennen. In einer Schüssel Eigelb und Zucker so lange schaumig schlagen, bis sich der Zucker aufgelöst hat. Nach und nach Mandeln, Arrak, Stärkemehl, Zimt und Salz unterrühren. Eiweiß steif schlagen und unterheben. Eine Springform ausbuttern, mit Mandeln ausstreuen, den Teig hineingeben und glatt streichen. Im vorgeheizten Backofen bei 180 °C (Gas: Stufe 2, Umluft: 160 °C) etwa 40 Minuten backen. Herausnehmen und auskühlen lassen.

Die Konfitüre durch ein Sieb streichen, leicht erwärmen und den Kuchen damit überziehen. Puderzucker und Kakao sieben und mit 3 Esslöffel heißem Wasser und der Butter verrühren. Den Kuchen damit glasieren. Den Rand mit Mandelblättchen verzieren. Die Marzipanmöhren auf dem Kuchen anordnen.

Bunt und saftig mit Creme, Früchten und Füllungen

Kirschkuchen

6 Eier
200 g Zucker
200 g gemahlene Mandeln
200 g Semmelbrösel
1 TL abgeriebene, unbehandelte Zitronenschale
Je 1 Msp. Zimt und gemahlene Nelken
2 EL Obstgeist
1 kg entsteinte Sauerkirschen

Außerdem
50 g Butter
Hagelzucker zum Bestreuen

Die Eier trennen. Eigelb in eine Schüssel geben und mit dem Zucker schaumig schlagen. Mandeln, Semmelbrösel, Zitronenschale, Zimt, Nelken und Obstgeist einrühren. Eiweiß steif schlagen und unterheben.
Eine Springform ausbuttern und mit der Hälfte des Teiges auslegen, die Hälfte der Kirschen darauf anordnen, den restlichen Teig darüber verteilen und zuletzt mit den

übrigen Kirschen bedecken. Im vorgeheizten Backofen bei 180 °C (Gas: Stufe 2, Umluft: 160 °C) etwa 45 Minuten backen.
Den Kuchen herausnehmen, mit zerlassener Butter bepinseln und mit Hagelzucker bestreuen.

Apfelkuchen mit Streuseln

200 g Butter
125 g Zucker
1 Päckchen Vanillezucker
4 Eier
400 g Mehl
2 TL Backpulver
100 g gemahlene Mandeln
1 EL Zwiebackbrösel
Für den Belag
1 kg Äpfel
125 g Zucker
1 Msp. Zimt
100 ml Weißwein
4 EL Rum
Für die Streusel
175 g Mehl
100 g Butter
100 g Zucker
Puderzucker

Die Butter schaumig schlagen, nach und nach Zucker, Vanillezucker und Eier einrühren. Mehl und Backpulver vermischen, sieben, mit den Mandeln einrühren. Eine Springform ausbuttern, mit Zwiebackbröseln ausstreuen. Den Teig hineingeben und einen Rand hochziehen. Im

vorgeheizten Backofen bei 200 °C (Gas: Stufe 3, Umluft: 180 °C) 15 Minuten vorbacken.
Für den Belag die Äpfel schälen, in Achtel schneiden, dabei das Kerngehäuse entfernen. Die Apfelstücke mit Zucker, Zimt und Weißwein in einen Topf geben, erhitzen. 5 Minuten köcheln, dann den Rum zufügen. Etwas auskühlen lassen. Aus Mehl, Butter und Zucker Streusel bereiten.
Den Apfelbelag auf den vorgebackenen Kuchen geben und die Streusel darüber geben. Weitere 20 Minuten backen. Mit Puderzucker bestäuben.

Apfelkuchen mit Decke

300 g Mehl
1 TL Backpulver
125 g Zucker
1 Päckchen Vanillezucker
1 Prise Salz
2 Eigelb
2 EL Milch
175 g kalte Butter
Für den Belag
1 kg Äpfel
1 Päckchen Vanillezucker
1 TL Zimt
2 EL Rosinen
2 EL Mandelstifte
2 EL Rum
Für die Glasur
150 g Puderzucker
2 EL Zitronensaft
1 TL Eiweiß

Mehl und Backpulver vermischen, in eine Schüssel sieben und in die Mitte eine Vertiefung drücken. Zucker, Vanillezucker, Salz, Eigelb und Milch hineingeben und mit einem Teil des Mehls einen dicklichen Brei bereiten. Die Butter in Stücke schneiden, auflegen und von der Mitte her die Zutaten rasch verkneten. Eine Kugel formen, 30 Minuten kalt stellen. Die Äpfel schälen, in Viertel, dann in Würfel schneiden, dabei das Kerngehäuse entfernen. Äpfel, Vanillezucker, Zimt, Rosinen, Mandelstifte und Rum mischen. Eine Springform mit Backpapier auslegen. Zwei Drittel des Teiges hineingeben, einen Rand hochziehen und den Teig mit einer Gabel mehrmals einstechen. Die Apfelmischung auf dem Teig verteilen. Den restlichen Teig in Größe der Springform ausrollen und die Apfelmischung damit bedecken. Im vorgeheizten Backofen bei 200 °C (Gas: Stufe 3, Umluft: 180 °C) etwa 40 Minuten backen. Herausnehmen und auskühlen lassen. Den Puderzucker sieben und mit Zitronensaft und Eiweiß verrühren. Den Kuchen damit überziehen.

Birnenmuskuchen

300 g Mehl
1/2 TL Backpulver
125 g Zucker
1 Ei
1 Päckchen Vanillezucker
200 g kalte Butter
1 EL Semmelbrösel

Für die Füllung

1,5 kg Birnen
150 g Zucker
1/2 TL abgeriebene, unbehandelte Zitronenschale
2 EL Zitronensaft
1 Msp. Zimt
125 g gemahlene Mandeln
6 Eigelb

Außerdem

1 Eigelb
2–3 EL grober Zucker

Das Mehl mit dem Backpulver vermischen und in eine Schüssel sieben, in die Mitte eine Vertiefung drücken. Zucker, Ei und Vanillezucker mit einem Teil des Mehls vermischen. Die Butter in Stücke schneiden, in die Mitte auf die Teigmischung geben, mit Mehl bedecken und alles von der Mitte her verkneten. 30 Minuten kalt stellen. Eine Springform ausbuttern, mit Semmelbröseln ausstreuen, mit der Hälfte des Teiges belegen und einen Rand hochziehen. Im vorgeheizten Backofen bei 200 °C (Gas: Stufe 3, Umluft: 180 °C) 10 Minuten vorbacken. Die Birnen schälen, in Viertel schneiden, das Kerngehäuse entfernen. Die Birnenviertel mit 100 Milliliter

Wasser und der Hälfte des Zuckers weich dünsten, danach pürieren und mit dem restlichen Zucker, Zitronenschale, -saft, Zimt, Mandeln und Eigelb verrühren. Die Masse auf den vorgebackenen Teig geben. Den restlichen Teig auf bemehlter Fläche ausrollen und die Birnenmischung damit bedecken. Die Teigdecke mit verquirltem Eigelb bestreichen und mit Zucker bestreuen. Bei gleicher Temperatur noch weitere 45 Minuten backen.

Birnenkuchen mit Schokoglasur

250 g Butter
250 g Zucker
6 Eier
1/8 l Milch
500 g Mehl
125 g Stärkemehl
1 Päckchen Backpulver
200 g gemahlene Mandeln
Butter für die Springform
Je 1 EL Semmelbrösel und gemahlene Mandeln

Außerdem
1 kg Birnen
200 g Honig
6 EL Obstgeist
250 g Zartbitterkuvertüre
50 g geröstete Mandelblättchen

Die Butter in einer Schüssel schaumig schlagen. Nach und nach den Zucker und danach die Eier und die Milch einrühren. Mehl, Stärkemehl und Backpulver vermischen und sieben. Nach und nach mit den Mandeln untermischen. Eine Springform ausbuttern. Semmelbrösel und Mandeln vermischen, die Form damit ausstreuen. Den Teig einfüllen. Im vorgeheizten Backofen bei 200 °C (Gas: Stufe 3, Umluft: 180 °C) etwa 45 Minuten backen. Herausnehmen und auf ein Kuchengitter zum Auskühlen setzen.

Die Birnen schälen, in Viertel schneiden, dabei das Kerngehäuse entfernen. Den Honig mit 100 Milliliter Wasser und dem Obstgeist unter Rühren erhitzen, die Birnen hineingeben und in 10 Minuten bissfest dünsten. Abtropfen und auskühlen lassen. Die Birnenviertel rings um den Kuchen anordnen. Die Kuvertüre zerkleinern und über heißem Wasserbad schmelzen. Den Kuchen damit überziehen und mit Mandelblättchen verzieren.

Johannisbeerkuchen

250 g Mehl
1 TL Backpulver
80 g Zucker
1 Päckchen Vanillezucker
2 EL Milch
125 g kalte Butter

Für den Belag
750 g Johannisbeeren
3 Eier
100 g Zucker
125 g gehackte Mandeln

Außerdem
Puderzucker

Mehl und Backpulver vermischen und in eine Schüssel sieben. In die Mitte eine Vertiefung drücken. Zucker, Vanillezucker und Milch hineingeben. Mit einem Teil des Mehls zu einem Brei verarbeiten. Die Butter in Stücke schneiden, auf den Brei geben, mit Mehl bedecken und alles zu einem glatten Teig verkneten. 30 Minuten kalt stellen. Für den Belag die Johannisbeeren waschen und abstreifen. Die Eier trennen. Eigelb mit Zucker schaumig rühren, Mandeln zugeben. Eiweiß steif schlagen und unterheben. Eine Springform ausbuttern, den Teig einfüllen, einen Rand hochziehen, mit den Beeren belegen und mit Eierguss überziehen. Im vorgeheizten Backofen bei 200 °C (Gas: Stufe 3, Umluft: 180 °C) etwa 35 Minuten backen. Herausnehmen, auskühlen lassen und mit Puderzucker bestäuben.

Blaubeerkuchen

125 g Löffelbiskuits
125 g Marzipan-Rohmasse
50 g Zartbitterkuvertüre
2 EL gehackte, geröstete Haselnüsse
150 g weiche Butter
1 Prise Salz

Für die Füllung

4 Blatt weiße Gelatine
150 g abgetropfter Sahnequark
300 g Doppelrahmfrischkäse
2 EL Zucker
$^1/_2$ TL abgeriebene, unbehandelte Zitronenschale
250 g Sahne

Für den Belag

1 kg Blaubeeren (Heidelbeeren)
100 g Zucker
$^1/_8$ l Orangensaft
1 EL Stärkemehl
3 EL Zitronensaft

Außerdem

125 g Sahne
1 Päckchen Vanillezucker
2 EL gemahlene Pistazienkerne

Die Löffelbiskuits grob zerkleinern. Das Marzipan in kleine Stücke schneiden. Die Kuvertüre fein hacken. Alles in eine Schüssel geben und mit den Haselnüssen, der Butter und dem Salz verkneten. Eine Springform mit Backpapier auslegen, den Teig einfüllen und etwas andrücken. Für die Füllung die Gelatine in kaltem Wasser einweichen. Quark, Doppelrahmfrischkäse, Zucker und

Zitronenschale in eine Schüssel geben und verrühren. Die Gelatine ausdrücken, in 2 Esslöffel leicht erwärmtem Wasser auflösen und unter die Quarkmasse rühren. Die Sahne steif schlagen und unterheben. Mit der Creme den Biskuitteig bestreichen. Kalt stellen.

Für den Belag die Blaubeeren waschen und abtropfen lassen. Den Zucker in einen Topf geben und goldgelb karamellisieren. Ein Viertel der Beeren zugeben, den Orangensaft darüber geben. 8 Minuten köcheln lassen. Das Stärkemehl mit dem Zitronensaft verrühren, die Beerenmasse damit binden. Vom Herd nehmen, etwas auskühlen lassen, die restlichen Beeren untermischen und auskühlen lassen. Die Beerenmasse auf die Quarkcreme geben. Kalt stellen.

Vor dem Servieren die Sahne mit dem Vanillezucker steif schlagen, in einen Spritzbeutel mit Tülle füllen und den Rand des Blaubeerkuchens mit Rosetten bespritzen. Mit Pistazien garnieren.

Aprikosenkuchen

300 g Mehl
20 g Hefe
80 g Zucker
150 ml Milch
1 Ei
1 Prise Salz
50 g weiche Butter
1 EL Zwieback-
brösel

Für den Belag
50 g Zwiebackbrösel
60 g Butter
2 Eier
1 EL Schmand
6 EL Schlagsahne
1 kg Aprikosen

Außerdem
Puderzucker

Das Mehl in eine Schüssel sieben, in die Mitte eine Vertiefung drücken. Die Hefe mit dem Zucker in lauwarmer Milch verrühren, in die Vertiefung gießen, etwas Mehl vom Mehlrand einrühren und einen Vorteig bereiten. 15 Minuten gehen lassen. Ei, Salz und Butter auf dem Mehlrand verteilen. Von der Mitte her die Zutaten zu einem glatten Teig verkneten. 20 Minuten gehen lassen. Den Teig nochmals durchkneten und auf bemehlter Fläche ausrollen. Eine Springform ausbuttern, den Teig hineingeben, einen Rand hochziehen und den Teig mit einer Gabel mehrmals einstechen. Die Zwiebackbrösel aufstreuen. Butter, Eier, Schmand und Sahne verrühren und über dem Teig verteilen. Die Aprikosen halbieren, entsteinen und auf dem Teig anordnen. Im vorgeheizten Backofen bei 200 °C (Gas: Stufe 3, Umluft: 180 °C) etwa 30 Minuten backen. Herausnehmen und mit Puderzucker bestäuben.

Aprikosen-Beerenobst-Kuchen

100 g Butter
80 g Zucker
1 Päckchen Vanillezucker
2 Eier
1 EL Milch
1 Prise Salz
125 g Mehl
30 g Stärkemehl
1 TL Backpulver
Semmelbrösel für die Form

Für den Belag
1 Päckchen Puddingpulver Mandelgeschmack
7 EL Zucker
1/2 l Milch
250 g zimmerwarme Butter
750 g möglichst gleich große Erdbeeren
500 g Aprikosen
125 g Himbeeren
150 g ganze, geschälte Mandeln

Butter, Zucker und Vanillezucker in einer Schüssel schaumig rühren. Eier, Milch und Salz zugeben und unterrühren. Mehl, Stärkemehl und Backpulver vermischen, über die Butter-Ei-Masse sieben und alles glatt

rühren. Eine Tortenbodenform ausbuttern, mit Semmelbröseln ausstreuen, den Teig einfüllen und glatt streichen. Im vorgeheizten Backofen bei 180 °C (Gas Stufe 2, Umluft: 160 °C) etwa 20 Minuten backen. Herausnehmen und auskühlen lassen.
Für die Creme das Puddingpulver mit 4 Esslöffel Zucker in etwas kalter Milch verrühren. Die restliche Milch zum Kochen bringen, das angerührte Puddingpulver einrühren, aufkochen lassen, vom Herd nehmen und auf Zimmertemperatur abkühlen lassen. Mehrmals umrühren, damit sich keine Haut bildet. In einer Schüssel die Butter schaumig schlagen, den Pudding esslöffelweise einrühren. Die Creme kühl stellen.
Die Erdbeeren waschen und putzen. Die Aprikosen ebenfalls waschen, halbieren und entsteinen. Die Hälfte der Aprikosen klein schneiden und mit den Himbeeren und dem restlichen Zucker in einem Topf erhitzen. Unter ständigem Rühren 4 Minuten kochen lassen, danach pürieren. Die Mandeln ohne Fett in einer Pfanne goldbraun rösten. Den Tortenboden mit der Creme bestreichen, in der Mitte die Aprikosenhälften mit der Öffnung nach oben auf der Creme anordnen, die gerösteten Mandeln in die Öffnung legen. Ringsum die Erdbeeren legen. Das Aprikosen-Himbeer-Püree erhitzen, durch ein Sieb streichen und die Früchte damit überziehen.

Pfirsichkuchen

250 g Mehl
1 TL Backpulver
80 g Zucker
½ TL abgeriebene, unbehandelte Zitronenschale
2 EL Milch
125 g kalte Butter

Für den Belag
1 kg Pfirsichhälften (Konserve)
3 Eiweiß
1 EL Zucker
1 Päckchen Vanillezucker

Mehl und Backpulver vermischen, in eine Schüssel sieben, in die Mitte eine Vertiefung drücken. Zucker, Zitronenschale und Milch in die Vertiefung geben. Die Butter in Stücke schneiden und darüber geben. Mit Mehl bedecken und alles zu einem glatten Teig verkneten. 30 Minuten kalt stellen. Eine Springform ausbuttern, den Teig hineingeben, einen Rand hochziehen und mit einer Gabel mehrmals einstechen. Im vorgeheizten Backofen bei 200 °C (Gas: Stufe 3, Umluft: 180 °C) 15 Minuten backen. Herausnehmen und auskühlen lassen.
Die Pfirsiche abtropfen lassen, auf den Teigboden legen. Eiweiß mit Zucker und Vanillezucker steif schlagen, über die Pfirsiche ziehen und im vorgeheizten Backofen bei 180 °C (Gas: Stufe 2, Umluft: 160 °C) 10 Minuten goldgelb bräunen.

Quittenkuchen

250 g Mehl
1 TL Backpulver
80 g Zucker
1/2 TL abgeriebene, unbehandelte Zitronenschale
1 Ei
1 Prise Salz
1 EL Milch
200 g kalte Butter

Für den Belag
1 kg Quitten
50 g Zitronat
250 g Zucker
1 TL abgeriebene, unbehandelte Zitronenschale

Für den Guss
4 Eier
2 Eigelb
100 g Zucker
2 EL gemahlene Mandeln
2 EL Zitronensaft

Außerdem
2 EL Semmelbrösel
1 TL Zimt
2 EL Zucker
80 g Butter

Mehl und Backpulver vermischen, in eine Schüssel sieben und in die Mitte eine Vertiefung drücken. Zucker, Zitronenschale, Ei, Salz und Milch in die Vertiefung geben. Die Butter in Stücken auflegen, mit Mehl bedecken und alles zu einem glatten Teig verkneten. 30 Minuten kalt stellen.
Für den Belag die Quitten unter fließendem Wasser abbürsten, schälen und in Viertel schneiden. Das Kerngehäuse herausschneiden. Die Quitten in 1/2 Liter Was-

ser zum Kochen bringen und 20 Minuten köcheln lassen. Herausnehmen, abtropfen lassen, dabei den Saft auffangen. Die Quitten in kleine Würfel schneiden. Das Zitronat feinstreifig schneiden. 1/2 Liter Quittenkochwasser mit dem Zucker aufkochen, die Quittenwürfel, das Zitronat und die Zitronenschale zufügen. 20 Minuten zu einer geleeartigen Masse einköcheln und danach auskühlen lassen. Eine Springform ausbuttern, den Teig ausrollen, in die Form geben, einen Rand hochziehen und den Teig mit einer Gabel mehrmals einstechen. Von der Quittenmasse 5 Esslöffel beiseite stellen, die restliche Masse auf den Teigboden geben.
Für den Guss Eier, Eigelb und Zucker schaumig schlagen. Mandeln, Zitronensaft und das beiseite gestellte Quittengelee unterziehen. Den Guss auf den Kuchen geben und im vorgeheizten Backofen bei 200 °C (Gas: Stufe 3, Umluft: 180 °C) etwa 40 Minuten backen. Semmelbrösel, Zimt, Zucker und Butter vermischen und auf dem Kuchen verteilen. Weitere 10 Minuten backen.

Kumquatkuchen

200 g Butter
175 g Zucker
150 g Marzipan-Rohmasse
6 Eier
4 EL Sahne
1 Prise Salz
300 g Mehl
50 g Stärkemehl
2 TL Backpulver

10 Kumquats
3 EL Orangenlikör
Zwiebackbrösel für die Form

Für die Glasur

200 g Puderzucker
1 EL Zitronensaft
5 EL Orangensaft
2 EL Kokosfett
3 EL gehackte Pistazien

Die Butter in einer Schüssel schaumig rühren. Nach und nach 125 Gramm Zucker, das Marzipan, die Eier, Sahne und Salz einrühren. Mehl, Stärkemehl und Backpulver vermischen und einrühren. Die Kumquats waschen, abtrocknen und in dünne Scheiben schneiden. Die Hälfte der Scheiben mit dem restlichen Zucker bestreuen und ziehen lassen. Die restlichen Scheiben halbieren, mit dem Orangenlikör beträufeln und zum Teig geben. Eine Springform ausbuttern, mit Zwiebackbröseln ausstreuen, den Teig einfüllen, glatt streichen und im vorgeheizten Backofen bei 200 °C (Gas: Stufe 3, Umluft: 180 °C) etwa 30 Minuten backen. Herausnehmen und den Kuchen auf ein Kuchengitter setzen.

Die Kumquats abtropfen lassen, dabei den Saft auffangen. Puderzucker sieben, mit Zitronen- und Orangensaft, 1 bis 2 Esslöffel Kumquatsaft und dem zerlassenen Kokosfett verrühren. Den Kuchen glasieren, mit Pistazien bestreuen und mit den Kumquatscheiben belegen.

Baiser mit Himbeeren

6 Eiweiß
300 g Puderzucker
2 EL Zitronensaft

Für den Belag
750 g Himbeeren
2 EL Zucker
1 Päckchen roter Tortenguss
300 g Sahne
1 EL Zucker
100 g Schokoladenraspel
Kandierte Blüten (-> Seite 9)

Eiweiß steif schlagen. Nach und nach Puderzucker und Zitronensaft zugeben. Den Boden einer Springform mit Pergamentpapier auslegen. Die Baisermasse in einen Spritzbeutel mit Lochtülle füllen und spiralförmig eine gleichmäßige Schicht auf das Pergamentpapier spritzen. Zuletzt mit einer Sterntülle in regelmäßigen Abständen Tupfen auf den Rand setzen. Den Tortenboden bei 80 bis 90 °C etwa 1 Stunde mehr trocknen als backen lassen. Noch warm von der Unterlage lösen.

Die Himbeeren kurz abbrausen und auf Küchenkrepp vorsichtig trockentupfen. Kurz vor dem Servieren auf den Tortenboden legen und mit Zucker bestreuen. Den Tortenguss nach Vorschrift zubereiten und die Himbeeren damit überziehen. Die Sahne mit Zucker steif schlagen. Sahnekleckse auf den Tortenrand setzen und mit Schokoladenraspeln garnieren. Kandierte Blüten in der Tortenmitte anordnen.

Käsecremekuchen

Für den Teig
150 g Mehl
1 TL Backpulver
70 g Zucker
2 Eigelb
1 EL Milch
1/2 TL abgeriebene, unbehandelte Zitronenschale
50 g kalte Butter

Für die Käsecreme
2 EL Korinthen
2 EL Rum
2 Päckchen Puddingpulver Vanillegeschmack
1/2 l Milch
200 g Zucker
750 g abgetropfter Sahnequark
2 EL gehackte Mandeln
1/2 TL abgeriebene, unbehandelte Zitronenschale
3 Eiweiß

Außerdem
1 Eigelb
1 EL Milch

Mehl und Backpulver vermischen, in eine Schüssel sieben und in die Mitte eine Vertiefung drücken. Zucker, Eigelb, Milch und Zitronenschale hineingeben und mit etwas Mehl vom Mehlrand einen dicklichen Brei bereiten. Die Butter zugeben und alles rasch zu einem glatten Teig verkneten. Eine Springform mit Backpapier auslegen, den Teig hineingeben und einen Rand hochziehen. Den Teig mehrmals mit einer Gabel einstechen. Im vorgeheizten Backofen bei 200 °C (Gas: Stufe 3, Umluft: 180 °C) 15 Minuten vorbacken.

Für die Käsecreme die Korinthen mit dem Rum beträufeln. Das Puddingpulver in etwas kalter Milch mit der Hälfte des Zuckers glatt rühren. Die restliche Milch zum Kochen bringen, das Puddingpulver einrühren, aufwallen lassen, vom Herd nehmen. Den Quark durch ein Sieb streichen, in den Pudding rühren, unter Rühren zum Kochen bringen und kurz aufkochen lassen. Vom Herd nehmen, in eine Schüssel füllen und die Mandeln und die Zitronenschale einrühren. Eiweiß steif schlagen, restlichen Zucker zugeben und den Eischnee unter die Quarkmasse heben. Die Creme auf den Kuchenboden streichen. Eigelb und Milch verrühren und den Kuchen damit bestreichen. Weitere 40 Minuten backen.

Eckig mit Streuseln, Mohn, Nüssen, Quark und Obst

Kürbiskuchen

400 g Mehl
200 g Butterschmalz
125 g Zucker
1 Prise Salz
1/2 TL abgeriebene, unbehandelte Zitronenschale

Für den Belag
1 kg Kürbisfleisch
1 Prise Salz
Saft von 1 Zitrone
100 g Butter
200 g Zucker
4 Eier
1 knapper TL Zimt
1/2 TL Ingwerpulver
50 g Stärkemehl

Das Mehl in eine Schüssel sieben. Das Butterschmalz in Flöckchen auf dem Mehl verteilen. Mit zwei Gabeln oder mit den Händen Streusel bereiten. Zucker, Salz, Zitronenschale und 5 Esslöffel Wasser zufügen. Den Teig verkneten, zu einer Kugel formen und 30 Minuten kalt stellen. Auf einer bemehlten Arbeitsfläche ausrollen. Ein Backblech ausbuttern, den Teig auflegen und einen Rand hochziehen. Im vorgeheizten Backofen bei 200 °C

(Gas: Stufe 3, Umluft: 180 °C) 20 Minuten backen. Inzwischen den geschälten, vom Kerngehäuse befreiten Kürbis in Würfel schneiden und in wenig Wasser mit Salz und Zitronensaft 15 Minuten dünsten. Abtropfen lassen und pürieren. Butter und Zucker schaumig schlagen. Eier trennen. Erst Eigelb, dann Gewürze unter die Butter rühren. Das Stärkemehl in wenig kaltem Wasser glatt rühren und mit dem Kürbispüree unter die Buttermasse rühren. Eiweiß steif schlagen und unterheben. Die Masse auf den Teig streichen und weitere 20 Minuten backen. Am besten noch heiß mit Schlagsahne servieren.

Mohnkuchen

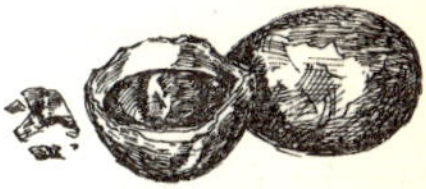

350 g Mehl
1 TL Backpulver
1 EL Stärkemehl
125 g Zucker
1 Päckchen Vanillezucker
200 g kalte Butter

Für den Belag

75 g Rosinen
2 EL Rum
400 g gemahlener Mohn
8 Eier
300 g Zucker
1 TL abgeriebene, unbehandelte Orangenschale
1 Prise Salz
1 Päckchen Puddingpulver Vanillegeschmack

Außerdem

8 EL Johannisbeergelee
2 EL Kirschwasser

Mehl, Backpulver und Stärkemehl mischen und auf die Arbeitsfläche sieben. In die Mitte eine Vertiefung drücken, Zucker und Vanillezucker in die Vertiefung geben. Die Butter in Stücke schneiden und zugeben, mit Mehl bedecken. Von der Mitte her alles zu einem glatten Teig verkneten und zu einer Kugel formen. 30 Minuten kalt stellen. Ein Backblech mit Backpapier auslegen, den Teig ausrollen und darauf geben. Mit einer Gabel mehrmals einstechen. Im vorgeheizten Backofen bei 200 °C (Gas: Stufe 3, Umluft: 180 °C) 15 Minuten hellgelb backen.

Für den Belag die Rosinen mit Rum beträufeln. Den Mohn in eine Schüssel geben. Die Eier trennen. Eigelb mit 2 Esslöffel warmem Wasser schaumig schlagen. Nach und nach die Hälfte des Zuckers unterrühren. Die Masse schlagen, bis sie cremig ist. Orangenschale und den restlichen Zucker untermischen. Eiweiß steif schlagen und unterheben. Das Puddingpulver aufsieben und ebenfalls unterheben. Zuletzt den Mohn und die Rosinen untermengen. Die Masse auf dem vorgebackenen Boden verteilen und glatt streichen. Noch weitere 25 Minuten backen. Das Johannisbeergelee mit dem Kirschwasser in einem Topf leicht erwärmen, bis es flüssig wird. Abkühlen und ein wenig fest werden lassen. Noch warm über den Kuchen streichen.

Apfelkuchen

250 g Butter
250 g Zucker
6 Eier
1 TL abgeriebene, unbehandelte Zitronenschale
400 g Mehl
1 EL Stärkemehl
1 Päckchen Backpulver
4 EL Milch
4 EL Sahne
1,5 kg säuerliche Äpfel
200 g Aprikosenkonfitüre
125 g Hagelzucker
Kandierte Röschen
(–> Seite 86)

In einer Schüssel die Butter schaumig schlagen, nach und nach den Zucker unterrühren. Die Eier trennen. Eigelb und Zitronenschale zur Buttermasse geben. Mehl, Stärkemehl und Backpulver vermischen, sieben und nach und nach mit der Milch und der Sahne in die Buttermasse einrühren. Eiweiß steif schlagen und unterheben. Ein Backblech mit Backpapier auslegen und den Teig darauf geben. Von den Äpfeln das Kerngehäuse ausstechen, schälen, halbieren, etwas einschneiden und auf dem Teig verteilen. Im vorgeheizten Ofen bei 200 °C (Gas: Stufe 3, Umluft: 180 °C) etwa 45 Minuten backen. Die Aprikosenkonfitüre durch ein Sieb streichen und leicht erwärmen. Den warmen Kuchen damit überziehen und mit Hagelzucker bestreuen. Mit Röschen dekorieren.

Rhabarberkuchen

500 g Mehl
30 g Hefe
100 g Zucker
1/2 l Milch
1 Päckchen Vanillezucker
100 g Butter
1 Prise Salz

Für den Belag

1 kg Rhabarber
250 g Zucker
1 Päckchen Puddingpulver Vanillegeschmack
100 g Sahne
80 g Butter
4 Eier

Außerdem

Hagelzucker

Das Mehl in eine Schüssel sieben, in die Mitte eine Vertiefung drücken. Die Hefe mit 1 Teelöffel Zucker in etwas lauwarmer Milch verrühren und in die Vertiefung gießen. Etwas Mehl vom Mehlrand einrühren und einen Vorteig herstellen. 15 Minuten zugedeckt gehen lassen. Auf dem Mehlrand den restlichen Zucker, Vanillezucker, die Butter und das Salz anordnen. Von der Mitte her alles zu einem glatten Teig verkneten, dabei die restliche Milch zugeben. Zugedeckt 30 Minuten gehen lassen.
Den Rhabarber putzen, in Stücke schneiden, mit dem Zucker bestreuen, zugedeckt stehen lassen, bis sich reichlich Saft gebildet hat. Den Rhabarber abtropfen lassen, dabei den Saft auffangen. 3/8 Liter Saft in einen Topf ge-

ben, wenn der Saft nicht reicht, etwas Wasser zufügen. Zum Kochen bringen. Das Puddingpulver mit der Sahne verrühren, unter Rühren zum Saft geben, aufkochen lassen und vom Herd nehmen. Erst die Butter, dann nacheinander die Eier einrühren.
Den Teig auf bemehlter Fläche ausrollen. Ein Backblech ausbuttern, den Teig auflegen, einen Rand hochziehen und den Teig mehrmals mit einer Gabel einstechen. Die Pudding-Ei-Masse auf den Teig geben, die Rhabarberstücke darauf verteilen. Im vorgeheizten Backofen bei 200 °C (Gas: Stufe 3, Umluft: 180 °C) etwa 45 Minuten backen. Mit Hagelzucker bestreuen.

Stachelbeerkuchen

450 g Mehl
25 g Hefe
80 g Zucker
1/2 l Milch
1/2 TL abgeriebene, unbehandelte Zitronenschale
1 Prise Salz
100 g Butter

Für den Belag
1,5 kg Stachelbeeren
250 g Zucker
1 Stück Zitronenschale

Für den Guss
5 Eiweiß
200 g Zucker
1 Päckchen Vanillezucker
2 TL Zitronensaft

Das Mehl in eine Schüssel sieben, in die Mitte eine Vertiefung drücken. Die Hefe mit 1 Teelöffel Zucker in etwas lauwarmer Milch verrühren und in die Vertiefung geben. Etwas Mehl vom Mehlrand einrühren und einen Vorteig bereiten. Zugedeckt 20 Minuten gehen lassen. Auf dem Mehlrand den restlichen Zucker, Zitronenschale, Salz und die Butter anordnen. Von der Mitte her alles zu einem glatten Teig verkneten, dabei die restliche Milch zugeben. Zugedeckt 30 Minuten gehen lassen.
Inzwischen die Stachelbeeren putzen, waschen und abtropfen lassen. In einem Topf 1/8 Liter Wasser, Zucker und Zitronenschale zum Kochen bringen, die Stachelbeeren zugeben und 8 Minuten köcheln. Die Stachelbeeren in ein Sieb geben, abtropfen lassen. Den Teig durchkneten und auf bemehlter Fläche ausrollen. Ein Backblech ausbuttern, den Teig auflegen, einen Rand hochziehen und den Teig mehrmals mit einer Gabel einstechen. Die Stachelbeeren darauf geben. Weitere 10 Minuten gehen lassen. Im vorgeheizten Backofen bei 200 °C (Gas: Stufe 3, Umluft: 180 °C) 20 Minuten backen.
Eiweiß steif schlagen, Zucker und Vanillezucker einrieseln lassen, Zitronensaft zufügen. Die Masse auf den Kuchen streichen und bei gleicher Temperatur weitere 12 Minuten backen.

Quarkkuchen

450 g Mehl
30 g Hefe
100 g Zucker
1/2 l Milch
1/2 TL abgeriebene, unbehandelte Zitronenschale
1 Ei
1 Prise Salz

Für den Belag

150 g Korinthen
4 EL Rum
100 g Butter
200 g Zucker
4 Eier
800 g abgetropfter Quark
4 EL Schmand
1 Päckchen Puddingpulver Vanillegeschmack
2 EL gehackte Mandeln
100 g Sahne
1 kräftige Prise Salz
1/2 TL abgeriebene, unbehandelte Zitronenschale

Für die Schaumdecke

4 Eier
80 g Butter
80 g Zucker
1 Päckchen Vanillezucker
1 Prise Salz
3 EL Rum
Feinstreifig geschnittenes Zitronat zum Garnieren

Das Mehl in eine Schüssel sieben, in die Mitte eine Vertiefung drücken. Die Hefe mit 1 Teelöffel Zucker in etwas lauwarmer Milch verrühren und in die Vertiefung gießen. Etwas Mehl vom Rand dazugeben und einen Vorteig bereiten. Zugedeckt 20 Minuten gehen lassen. Den restlichen Zucker, Zitronenschale, Ei und Salz auf dem Mehlrand verteilen. Von der Mitte her einen geschmeidigen Teig bereiten, dabei die restliche Milch zugeben. Zugedeckt 30 Minuten gehen lassen. Ein Backblech ausbuttern, den Teig auflegen und einen Rand hochziehen. Mit einer Gabel mehrmals einstechen.
Für den Quarkbelag die Korinthen mit Rum beträufeln. Die Butter schaumig schlagen, Zucker, Eier, Quark, Schmand, Puddingpulver, Mandeln, Sahne, Salz, Zitronenschale und Korinthen einrühren. Die Masse so lange schlagen, bis sie cremig ist und anschließend auf den Teig streichen.
Für die Schaumdecke die Eier trennen. Die Butter schaumig schlagen. Zucker, Vanillezucker, Salz, Eigelb und Rum unterrühren. Eiweiß steif schlagen und vorsichtig unterheben. Die Masse auf den Quark streichen. Im vorgeheizten Backofen bei 200 °C (Gas: Stufe 3, Umluft: 180 °C) etwa 45 Minuten backen. Die Oberhitze reduzieren, damit der Belag nicht zu dunkel wird. Herausnehmen, auskühlen lassen und mit Zitronat garnieren.

Birnenkuchen

150 g abgetropfter Quark
6 EL Milch
6 EL Öl
100 g Zucker
1/2 TL abgeriebene, unbehandelte Zitronenschale
1 Prise Salz
1 Ei
400 g Mehl
1 Päckchen Backpulver

Außerdem

150 g Zartbitterkuvertüre

Für den Belag

2 kg Birnen
Saft von 1 Zitrone
4 Eier
150 g Zucker
1 EL Stärkemehl
500 g abgetropfter Sahnequark
3 EL gehackte Mandeln
80 g Butter

Den Quark durch ein Sieb in eine Schüssel streichen und mit Milch, Öl, Zucker, Zitronenschale, Salz und Ei verrühren. Mehl und Backpulver vermischen und nach und nach in die Quarkmasse einarbeiten. Ein Backblech ausbuttern. Den Teig auf bemehlter Fläche ausrollen und auf das Backblech legen.
Die Birnen in Viertel schneiden, schälen, das Kerngehäuse entfernen. Die Birnenviertel in Spalten schneiden und mit Zitronensaft marinieren. Die Eier trennen. Eigelb, Zucker, Stärkemehl und Quark verrühren. Eiweiß

steif schlagen und unterheben. Die Quarkcreme auf den Teig streichen, darauf die Birnenspalten verteilen und mit gehackten Mandeln bestreuen. Die Butter in Flöckchen aufsetzen. Im vorgeheizten Backofen bei 200 °C (Gas: Stufe 3, Umluft: 180 °C) etwa 40 Minuten backen.
Die Kuvertüre über warmem Wasserbad schmelzen und in feinem Strahl linienförmig über den Kuchen gießen.

Pflaumenkuchen

450 g Mehl
30 g Hefe
100 g Zucker
1/2 l Milch
100 g Butter
1 Ei
1 Prise Salz
1/2 TL abgeriebene, unbehandelte Zitronenschale

Für den Belag
2 kg entsteinte Pflaumen

Für die Streusel
200 g Butter
200 g Zucker
250 g Mehl
1 Päckchen Vanillezucker
1 Prise Zimt

Außerdem
Butterflöckchen von 50 g Butter
2 EL Zucker

Das Mehl in eine Schüssel sieben, in die Mitte eine Vertiefung drücken. Die Hefe mit 1 Teelöffel Zucker in etwas lauwarmer Milch verrühren und in die Vertiefung gießen. Etwas Mehl vom Mehlrand zugeben und einen Vorteig bereiten. Zugedeckt 20 Minuten gehen lassen. Auf dem Mehlrand den restlichen Zucker, Butter, Ei, Salz und Zitronenschale anordnen. Alles zu einem geschmeidigen Teig verkneten, dabei die restliche Milch zufügen. Zugedeckt 30 Minuten gehen lassen. Den Teig durchkneten und auf bemehlter Fläche ausrollen. Ein Backblech ausbuttern, den Teig darauf geben und einen Rand hochziehen. Mit einer Gabel mehrmals einstechen. Die Pflaumen auf dem Teig anordnen. Aus Butter, Zucker, Mehl, Vanillezucker und Zimt Streusel bereiten und über die Pflaumen streuen. Im vorgeheizten Backofen bei 200 °C (Gas: Stufe 3, Umluft: 180 °C) etwa 25 Minuten backen. Herausnehmen, sofort Butterflöckchen aufsetzen und den Zucker aufstreuen.

Gedeckter Kirschkuchen

450 g Mehl
4 TL Backpulver
80 g Zucker
1 Päckchen Vanillezucker
1 Ei
8 EL Milch
150 g kalte Butter

Für die Füllung
1,5 kg Sauerkirschen
180 g Zucker
1 Päckchen Puddingpulver Mandelgeschmack

Außerdem
1 Eigelb
2 EL Milch

Mehl und Backpulver vermischen und in eine Schüssel sieben. In die Mitte eine Vertiefung drücken. Zucker, Vanillezucker, Ei und Milch hineingeben. Mit einem Teil des Mehls einen dicklichen Brei bereiten. Die Butter in Stücken darauf geben, mit Mehl bedecken und alles zu einem glatten Teig verkneten. 30 Minuten kalt stellen.
Die Kirschen waschen, entsteinen und zuckern. Zum Saftziehen einige Minuten stehen lassen, dann zum Kochen bringen, auf ein Sieb zum Abtropfen geben, dabei den Saft auffangen. Den Kirschsaft in einen Topf geben, so viel Wasser zufügen, dass ein 1/2 Liter Flüssigkeit entsteht. Etwas Flüssigkeit abnehmen, das Puddingpulver darin glatt rühren. Die restliche Kirschflüssigkeit zum Kochen bringen, das angerührte Puddingpulver hinein-

geben, unter Rühren aufkochen lassen und vom Herd nehmen. Die Kirschen zufügen und alles erkalten lassen. Ein Backblech ausbuttern, die Hälfte des Teiges darauf ausrollen und einen Rand hochziehen. Die Kirschen darauf geben, den restlichen Teig ausrollen und die Kirschen damit bedecken. Eigelb und Milch verrühren, die Teigdecke damit bestreichen und mit einer Gabel mehrmals einstechen. Im vorgeheizten Backofen bei 200 °C (Gas: Stufe 3, Umluft: 180 °C) etwa 45 Minuten backen.

Nusskuchen mit Kuvertüre

250 g gemahlene Haselnusskerne
200 g Zucker
1 Päckchen Vanillezucker
250 g Mehl
1 Päckchen Backpulver
2 Eier
1/8 l Milch

Für den Belag

250 g Butter
200 g Zucker
250 g gehackte Haselnüsse
2 Eier
4 EL Milch

Für die Decke

1 Päckchen Puddingpulver Vanillegeschmack
1/2 l Milch
2 EL Zucker
250 g Butter
50 g Kokosfett

Außerdem

200 g Zartbitterkuvertüre

Haselnüsse, Zucker und Vanillezucker in eine Schüssel geben. Das Mehl mit dem Backpulver vermischen und in die Schüssel sieben. Die Eier und die Milch zugeben und alles gut verrühren. Der Teig muss schwer reißend vom Löffel fallen, wenn nötig noch etwas Milch zufügen. Ein Backblech ausbuttern, den Teig darauf geben.

Für den Belag die Butter erhitzen, Zucker und Haselnüsse dazu geben. Einige Male aufwallen lassen, vom Herd nehmen und etwas auskühlen lassen. Eier und Milch einrühren, die Masse auf dem Teig verteilen. Im vorgeheizten Backofen bei 200 °C (Gas: Stufe 3, Umluft: 180 °C) etwa 35 Minuten backen. Herausnehmen und auskühlen lassen.

Für die Decke das Puddingpulver in etwas kalter Milch glatt rühren. Die restliche Milch mit dem Zucker zum Kochen bringen, das angerührte Puddingpulver hineingeben und unter Rühren aufkochen lassen. Vom Herd nehmen. So lange kalt stellen, bis der Pudding Zimmertemperatur erreicht hat. Ab und zu umrühren, damit sich keine Haut bildet. Die Butter schaumig schlagen, nach und nach den Pudding einrühren. Zuletzt das zerlassene, ausgekühlte Kokosfett einrühren. Kalt stellen. Die Creme auf den Kuchen streichen. Zartbitterkuvertüre im warmen Wasserbad schmelzen und damit Muster über die Creme ziehen.

Pecannusskuchen

Für den Teig
300 g Mehl
2 TL Backpulver
100 g Zucker
1 Päckchen Vanillezucker
1 Prise Salz
$^1/_2$ Eigelb
1 Eiweiß
1 EL Milch
150 g kalte Butter

Für den Belag
500 g Pecannusshälften
150 g Butter
200 g Zucker
4 Eier
1 TL Vanille-Extrakt
4 EL Honig

Mehl und Backpulver vermischen und in eine Schüssel sieben. In die Mitte eine Vertiefung drücken. Zucker, Vanillezucker, Salz, Eigelb, Eiweiß und Milch in die Vertiefung geben und mit einem Teil des Mehls vom Mehlrand zu einem dicklichen Brei verarbeiten. Die Butter in Stücke schneiden, auf den Brei geben, mit Mehl bedecken, alle Zutaten rasch zu einem glatten Teig verkneten. 30 Minuten kalt stellen. Den Teig auf einem Backblech ausrollen und mehrmals mit einer Gabel einstechen. Im vorgeheizten Backofen bei 200 °C (Gas: Stufe 3, Umluft: 180 °C) 15 Minuten backen.
Die Nüsse auf dem Teig anordnen. Die Butter schaumig schlagen, nach und nach den Zucker einschlagen, dann

die Eier zugeben. Vanille-Extrakt und Honig zufügen und schaumig rühren. Die Masse über die Nüsse geben. Weitere 15 Minuten bei gleicher Temperatur backen.

Feiner Streuselkuchen

450 g Mehl
30 g Hefe
100 g Zucker
1/2 l Milch
1 Ei
1 Prise Salz
1/2 TL abgeriebene, unbehandelte Zitronenschale

Für den Belag

2 Päckchen Puddingpulver Vanillegeschmack
1/2 l Milch
250 g Sahne
4 EL Zucker
1 Prise Salz
80 g Butter

Für die Streusel

300 g Mehl
250 g Butter
200 g Zucker
4 EL Kakao

Außerdem

100 g weiße Kuvertüre

Das Mehl in eine Schüssel sieben, in die Mitte eine Vertiefung drücken. Die Hefe mit 1 Teelöffel Zucker in etwas lauwarmer Milch verrühren und in die Vertiefung gießen. Etwas Mehl vom Rand dazugeben und einen Vorteig bereiten. Zugedeckt 20 Minuten gehen lassen. Den restlichen Zucker, Ei, Salz und Zitronenschale auf dem Mehlrand verteilen. Von der Mitte her einen geschmeidigen Teig kneten, dabei die restliche Milch zugeben. Zugedeckt 30 Minuten gehen lassen. Den Teig nochmals durchkneten und auf bemehlter Arbeitsfläche ausrollen. Ein Backblech ausbuttern, den Teig darauf geben und einen Rand hochziehen. Den Teig mit einer Gabel mehrmals einstechen.

Das Puddingpulver in etwas kalter Milch verrühren. Die restliche Milch mit Sahne, Zucker und Salz zum Kochen bringen, das glatt gerührte Puddingpulver einrühren, aufkochen lassen, vom Herd nehmen und etwas auskühlen lassen. Für die Streusel das Mehl sieben und mit Butter, Zucker und Kakao vermischen. Den Pudding auf dem Teig verteilen, die Streusel darüber geben. Im vorgeheizten Backofen bei 200 °C (Gas: Stufe 3, Umluft: 180 °C) etwa 40 Minuten backen. Herausnehmen und auskühlen lassen. Die Kuvertüre zerkleinern und über heißem Wasserbad zum Schmelzen bringen. Mit dünnen Linien und kleinen Tupfen den Kuchen verzieren.

Quarkkuchen mit Beeren

450 g Mehl
30 g Hefe
125 g Zucker
200 ml Milch
100 g Butter
2 Eier
1 Prise Salz
1/2 TL abgeriebene, unbehandelte Zitronenschale

Für den Belag

300 g abgetropfter Quark
125 g Schmand
100 g Zucker
1/2 TL abgeriebene, unbehandelte Zitronenschale
3 Eigelb
1 EL Mehl
1 Eiweiß
1 Prise Salz
1 kg rote und weiße Johannisbeeren
300 g Brombeeren

Für die Decke

3 EL Stärkemehl
100 g Zucker
200 ml Milch
4 Eier

Für den Teig das Mehl in eine Schüssel sieben, in die Mitte eine Vertiefung drücken. Die Hefe mit 1 Teelöffel Zucker in etwas lauwarmer Milch verrühren und in die Vertiefung gießen. Etwas Mehl vom Mehlrand dazugeben und einen Vorteig bereiten. Zugedeckt 20 Minuten gehen lassen. Auf dem Mehlrand den restlichen Zucker, Butter, Eier, Salz und Zitronenschale verteilen. Die Zutaten von der Mitte her zu einem glatten, geschmeidigen

Teig verkneten, dabei die restliche Milch zugeben. Den Teig zugedeckt 30 Minuten gehen lassen. Den Teig nochmals durchkneten und auf bemehlter Arbeitsfläche ausrollen. Ein Backblech ausbuttern. Den Teig auf das Backblech legen, einen Rand hochziehen und den Teig mehrmals mit einer Gabel einstechen.
Für den Belag den Quark mit Schmand, Zucker und Zitronenschale verrühren. Eigelb und Mehl unterrühren. Eiweiß mit Salz steif schlagen und unterheben. Die Johannisbeeren und die Brombeeren waschen. Die Johannisbeeren von den Rispen streifen. Die Quarkmasse auf dem Teig verteilen, die Johannisbeeren und die Brombeeren darauf anordnen.
Für die Decke Stärkemehl, Zucker und Milch verrühren, unter Rühren zum Kochen bringen und vom Herd nehmen. Etwas auskühlen lassen. Die Eier trennen. Eigelb unterziehen, Eiweiß steif schlagen und unterheben. Die Masse über die Johannisbeeren ziehen. Im vorgeheizten Backofen bei 200 °C (Gas: Stufe 3, Umluft: 180 °C) etwa 30 Minuten backen. Darauf achten, dass die Schaumdecke nicht zu dunkel wird. Wenn nötig mit Alufolie abdecken.

Klein und fein, mal eckig, mal rund

Zuckerbrezeln

500 g Mehl
40 g Hefe
100 g Zucker
200 ml Milch
300 g weiche Butter
1 Prise Salz
1 TL abgeriebene, unbehandelte Zitronenschale
1–2 Eiweiß
Hagelzucker

Das Mehl in eine Schüssel sieben, in die Mitte eine Vertiefung drücken. Die Hefe mit 1 Teelöffel Zucker in etwas lauwarmer Milch verrühren und in die Vertiefung gießen. Etwas Mehl vom Mehlrand einrühren und einen Vorteig herstellen. Zugedeckt 15 Minuten gehen lassen. Auf dem Mehlrand den restlichen Zucker, die Butter in Flöckchen, das Salz und die Zitronenschale verteilen. Von der Mitte her die Zutaten zu einem glatten Teig verkneten, dabei die restliche Milch zugeben. Zugedeckt 20 Minuten gehen lassen. Auf bemehlter Fläche 1 Zentimeter dicke, 20 Zentimeter lange Rollen formen, zu

Brezeln legen, mit verrührtem Eiweiß bestreichen und mit Hagelzucker bestreuen. Im vorgeheizten Backofen bei 200 °C (Gas: Stufe 3, Umluft: 180 °C) etwa 12 Minuten backen.

Aniskücchlein

4 Eier	250 g Mehl
100 g Zucker	1 Msp. Hirschhornsalz
2 TL Sternanis	100 g weiße Kuvertüre

In einer Schüssel Eier und Zucker schaumig schlagen. Sternanis zufügen. Das Mehl aufsieben und mit dem Hirschhornsalz untermischen. Ein Backblech mit Backpapier auslegen. Mit einem Esslöffel Teighäufchen aufsetzen und über Nacht trocknen lassen.
Am nächsten Tag bei 180 °C (Gas: Stufe 2, Umluft: 160 °C) 20 Minuten goldgelb backen. Die Kuvertüre zerkleinern, über heißem Wasserbad zum Schmelzen bringen und die Küchlein damit streifenartig verzieren.

Marmeladenhörnchen

400 g Kartoffeln
250 g Mehl
1 EL Stärkemehl
1 Päckchen Backpulver
125 g Zucker
3 Eier
80 g weiche Butter

Für die Füllung

250 g Erdbeerkonfitüre
125 g Sahnequark
100 g Schmand
2 EL Zucker

Für die Glasur

200 g Puderzucker
2 EL Zitronensaft
2 EL weiche Butter
75 g geröstete, gehackte Mandeln

Die Kartoffeln in der Schale kochen, pellen, durch die Kartoffelpresse drücken und auskühlen lassen. In eine Schüssel geben. Mit zwei Gabeln auflockern und mit Mehl, Stärkemehl, Backpulver, Zucker, Eiern und Butter verkneten. Auf bemehlter Fläche ausrollen und Quadrate von 20 Zentimeter Kantenlänge schneiden. Mit Konfitüre bestreichen. Quark, Schmand und Zucker verrühren. Jeweils einen Klecks auf die Quadrate geben. Von einer Spitze beginnend aufrollen und zu Hörnchen biegen. Ein Backblech ausbuttern, die Hörnchen darauf geben und im vorgeheizten Backofen bei 200 °C (Gas: Stufe 3, Umluft: 180 °C) etwa 25 Minuten backen. Herausnehmen und auskühlen lassen.

Den Puderzucker in eine Schüssel sieben, mit 1 Esslöffel heißem Wasser, Zitronensaft und Butter verrühren. Die Hörnchen damit überziehen und mit den gehackten Mandeln bestreuen.

Mandelbrezeln

300 g abgetropfter Quark
150 g zerlassene Butter
2 EL Öl
2 Eier
2 EL Zucker
1 Päckchen Vanillezucker
1 Prise Salz

400 g Mehl
1 Päckchen Backpulver
2 EL Korinthen

Außerdem
1 Ei
3 EL gehackte Mandeln

Den Quark durch ein Sieb in eine Schüssel geben und mit Butter, Öl, Eiern, Zucker, Vanillezucker und Salz verrühren. Mehl und Backpulver vermischen und mit den Korinthen unter die Quarkmasse mengen. Aus dem Teig auf bemehlter Fläche Röllchen formen und in Brezelform legen. Ein Backblech ausbuttern, die Brezeln auflegen, mit verquirltem Ei bestreichen und mit Mandeln bestreuen. Im vorgeheizten Backofen bei 200 °C (Gas: Stufe 3, Umluft: 180 °C) etwa 15 Minuten backen.

Rosinenschnecken

Je 4 EL Rosinen
und Korinthen
2 EL Rum
150 g abgetropfter Quark
4 EL Zucker
6 EL Öl
1/2 TL abgeriebene, unbehandelte Zitronenschale
1 Prise Salz
300 g Mehl
3 gestrichene TL Backpulver
80 g weiche Butter
3 EL gehackte Mandeln

Außerdem

200 g Puderzucker
3 EL Zitronensaft

Rosinen und Korinthen waschen, abtropfen lassen und mit Rum beträufeln. Den Quark durch ein Sieb in eine Schüssel streichen und mit 2 Esslöffel Zucker, Öl, Zitronenschale und Salz verrühren. Mehl und Backpulver vermischen und mit der Quarkmasse vermengen. Gut durchkneten, auf bemehlter Fläche zu einem Rechteck ausrollen und mit Butter bestreichen. Mit dem restlichen Zucker, Rosinen, Korinthen und Mandeln bestreuen. Den Teig aufrollen und in 1 1/2 Zentimeter breite Stücke schneiden. Ein Backblech ausbuttern, die Teigstücke auflegen und flach drücken. Im vorgeheizten Backofen bei 200 °C (Gas: Stufe 3, Umluft: 180 °C) etwa 15 Minuten backen. Den Puderzucker sieben und mit Zitronensaft vermischen. Die Rosinenschnecken damit glasieren.

Petits fours

4 Eier
125 g Zucker
1 Päckchen Vanillezucker
1 Prise Salz
75 g Mehl
2 EL Stärkemehl

Für die Füllung

1 1/2 Päckchen Puddingpulver Vanillegeschmack
2 EL Zucker
1/4 l Milch
100 g Butter
75 g Zartbitterkuvertüre
80 g Johannisbeergelee
1 TL Obstgeist
80 g Aprikosenkonfitüre

Für die Dekoration

250 g Puderzucker
1 Eiweiß
1 EL Orangenlikör
2-3 EL Orangensaft
Kandierte Blüten (–> Seite 9)
Kandierte Früchte (Fertigware)
Schokoladenblätter (–> Seite 32)
Schokoladenraspel
Zuckerperlen

Für den Zuckerguss

150 g Puderzucker
1-2 TL Eiweiß
1-2 TL Kakaopulver oder Lebensmittelfarbe

Die Eier trennen. Eigelb in eine Schüssel geben und mit 2 Esslöffel warmem Wasser schaumig schlagen. Nach und nach den Zucker und den Vanillezucker einschlagen. Weiter schlagen, bis die Masse cremig ist. Eiweiß mit Salz steif schlagen, Mehl und Stärkemehl darüber sieben und alles unter die Eimasse heben. Ein Backblech mit Backpapier auslegen, den Teig darauf geben und glatt streichen. Im vorgeheizten Backofen bei 200 °C (Gas: Stufe 3, Umluft: 180 °C) 12 Minuten backen. Herausnehmen, am Rand mit einem Messer lösen und den Biskuit sofort auf ein mit Zucker bestreutes Tuch stürzen. Das Backpapier etwas anfeuchten und abziehen. Den Biskuit auskühlen lassen, mit einem scharfen Messer die Ränder abschneiden und die Teigplatte in vier gleiche Teile schneiden.

Für die Füllung das Puddingpulver mit dem Zucker in etwas kalter Milch verrühren. Die restliche Milch zum Kochen bringen, das angerührte Puddingpulver einrühren, aufkochen lassen, vom Herd nehmen und auskühlen lassen. Ab und zu umrühren, damit sich keine Haut bildet. Die Butter schaumig schlagen. Den auf Zimmertemperatur ausgekühlten Pudding esslöffelweise unterrühren. Kalt stellen. Die Kuvertüre zerkleinern und im Wasserbad schmelzen. Das Johannisbeergelee leicht erwärmen, mit dem Obstgeist verrühren, die Aprikosenkonfitüre durch ein Sieb streichen. Die Teigplatten mit Kuvertüre, Creme, Johannisbeergelee und Aprikosenkonfitüre bestreichen und aufeinander setzen. Mit einem scharfen Messer in gleich große Vierecke schneiden. Für die Dekoration den Puderzucker sieben, mit Eiweiß,

Orangenlikör und -saft verrühren und die gefüllten Stücke damit überziehen. Die Petits fours fantasievoll mit kandierten Blüten oder Früchten, Schokoladenblättern oder -raspeln oder Zuckerperlen dekorieren.
Für den Zuckerguss den Puderzucker in eine Schüssel sieben, Eiweiß, Kakaopulver oder Lebensmittelfarbe dazugeben, glatt rühren und die Masse in eine Pergamenttüte geben. Damit lassen sich Blätter, Ranken, Ornamente oder Linien mühelos aufspritzen.

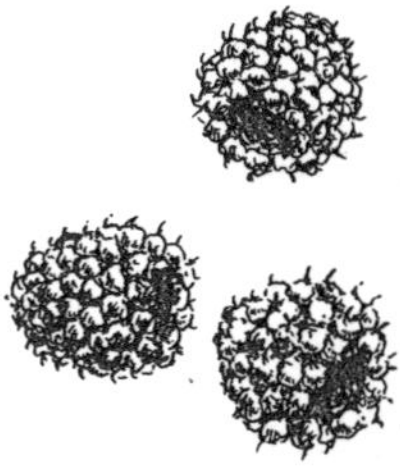

Weiße Beerentörtchen

6 Eiweiß
200 g Zucker
1 TL Zitronensaft
150 g gemahlene Mandeln
60 g Stärkemehl
1 Päckchen Vanillezucker

Für die Füllung

5 Blatt weiße Gelatine
2 Eier
1 EL Puderzucker
Saft von 1/2 Zitrone
8 EL Obstgeist
250 g Speisequark
125 g Ricotta
250 g Sahne
2 EL Zucker
500 g Himbeeren
200 g Johannisbeergelee

Für das Baiser die Eiweiße schaumig schlagen, etwas Zucker zugeben, dann mit dem restlichen Zucker und dem Zitronensaft steif schlagen. Mandeln, Stärkemehl und Vanillezucker vermischen und unter den Eischnee heben. Die Masse in einen Spritzbeutel mit Sterntülle füllen. Ein Backblech mit Backpapier auslegen. Von der Baisermasse Nester von 8 cm Durchmesser auf das Backblech spritzen. Im vorgeheizten Backofen bei 120 °C 60 Minuten backen. Im Ofen auskühlen lassen, dann vom Papier lösen.

Für die Füllung die Gelatine in etwas kaltem Wasser einweichen. Die Eier trennen. Eigelb mit Puderzucker, Zitronensaft und 4 Esslöffel Obstgeist über heißem Wasserbad cremig schlagen. Die ausgedrückte Gelatine hineingeben und auflösen. Quark und Ricotta einrühren. Kalt stellen. Sobald die Masse fest wird, die Sahne mit dem Zucker steif schlagen und unter die Quarkmasse ziehen. Eiweiß steif schlagen und ebenfalls unterheben. 30 Minuten kalt stellen. Die Masse in einen Spritzbeutel mit Lochtülle füllen und die Hälfte der Baisers mit der Quarksahne bespritzen.

Die Beeren waschen, abtropfen lassen und auf der Sahnemischung verteilen. Das Johannisbeergelee mit dem restlichen Obstgeist erwärmen, auskühlen lassen und die Beeren damit überziehen. Restliche Baisers aufsetzen.

Sahneröllchen

125 g Butter
50 g Zucker
2 EL Akazienhonig
100 g Mehl
½ TL gemahlener Ingwer
3 EL Weinbrand

Für die Füllung
3 Hand voll frisch gepflückte Veilchenblüten
250 g Zucker
3 Blatt weiße Gelatine
750 g Sahne
Kandierte Veilchen zum Dekorieren (–> Seite 9)

In einem Topf die Butter zerlassen, Zucker und Honig zugeben und so lange auf kleiner Flamme rühren, bis sich der Zucker aufgelöst hat. Vom Herd nehmen und auskühlen lassen. Das Mehl nach und nach einsieben und glatt rühren. Ingwer und Weinbrand zufügen. Ein Backblech mit Backpapier auslegen. Mit einem Teelöffel im Abstand von 10 Zentimeter kleine Häutchen darauf geben und im vorgeheizten Backofen bei 200 °C (Gas: Stufe 3, Umluft: 180 °C) 8 bis 10 Minuten backen. Noch warm um den Griff eines eingebutterten Kochlöffels wickeln, abstreifen und auf ein Kuchengitter setzen.
Für die Creme die Veilchenblüten waschen und entblättern. Die Blättchen in eine Schüssel legen. Den Zucker mit etwas Wasser zu einem dicklichen Sirup kochen, die

Veilchenblätter damit übergießen. Zugedeckt auskühlen lassen. Die Gelatine in etwas kaltem Wasser einweichen. Die Veilchen durch ein Leinentuch geben, die Flüssigkeit auffangen, leicht erwärmen und mit der ausgedrückten Gelatine vermischen. Die Sahne steif schlagen und unterheben. Die Sahne in einen Spritzbeutel mit Lochtülle füllen und die Knusperröllchen mit der Creme füllen. Die Sahneenden mit kandierten Veilchen dekorieren.

Schokoladenküsse

125 g Mehl
50 g Zucker
1 Eigelb
1 Prise Salz
60 g kalte Butter
Außerdem
250 g Marzipan-Rohmasse
125 g Puderzucker
250 g Zartbitterschokolade
2 Eier
50 g Zucker
400 g Sahne
200 g Zartbitterkuvertüre

Das Mehl in eine Schüssel sieben, in die Mitte eine Vertiefung drücken. Zucker, Eigelb und Salz hineingeben, darauf die Butter in Stücken legen, mit Mehl bedecken und alles rasch zu einem glatten Teig verkneten. 30 Minuten kalt stellen. Den Teig auf bemehlter Fläche dünn ausrollen, Böden von 10 cm Durchmesser ausstechen. Ein Backblech mit Backpapier auslegen, die Teigböden darauf geben und im vorgeheizten Bakofen bei 200 °C (Gas: Stufe 3, Umluft: 180 °C) etwa 10 Minuten backen. Herausnehmen, die Böden auf ein Kuchengitter zum Auskühlen setzen.
Förmchen von 10 Zentimeter Durchmesser mit Klarsichtfolie auslegen. Marzipan und Puderzucker verkneten und 1/2 Zentimeter dick ausrollen, Kreise von 10 cm Durchmesser ausstechen und in die Förmchen legen. Die Schokolade zerkleinern und über heißem Wasserbad schmelzen. Die Eier trennen. Eigelb und Zucker schaumig schlagen. Die geschmolzene Schokolade unterrühren. Eiweiß steif schlagen, Sahne ebenfalls steif schlagen. Beides unter die Eigelbmasse heben. Die Masse in die Förmchen auf das Marzipan geben und jeweils mit einem Teigboden bedecken. Kalt stellen. Die Kuvertüre zerkleinern, über heißem Wasserbad schmelzen. Die Küsse aus den Förmchen stürzen und mit der Kuvertüre überziehen.

Mandelküchlein

250 g Tiefkühlblätterteig
8 Eiweiß
150 g Zucker
200 g gemahlene Mandeln
3 EL Mehl
8 EL Rosenwasser
1 TL Zitronensaft
Etwas Mehl zum Ausrollen

Für die Dekoration
Frisch gepflückte Röschen
2 Eiweiß
125 g feiner Zucker

Außerdem
250 g Sahne
1 EL Zucker

Für die Dekoration die frisch gepflückten Röschen reinigen. In einem tiefen Teller die Eiweiße etwas aufschlagen, die Röschen hineintauchen, gut abtropfen lassen und mit Zucker bestreuen. Ein Backblech mit Pergamentpapier belegen, die Röschen darauf setzen und im vorgeheizten Backofen bei 50 °C trocknen lassen. Die Ofentür spaltbreit geöffnet lassen.
Für den Teig den Blätterteig auftauen. 3 Eiweiß mit Zucker, Mandeln, Mehl und Rosenwasser verrühren. Die restlichen Eiweiße mit dem Zitronensaft steif schlagen und unterheben. Den Blätterteig auf bemehlter Arbeitsfläche ausrollen. Tortenförmchen mit kaltem Wasser ausspülen, mit Blätterteig auslegen und die Mandelmasse darauf verteilen. Im vorgeheizten Backofen bei 180 °C

(Gas: Stufe 2, Umluft: 160 °C) etwa 15 Minuten backen. Die Sahne mit dem Zucker steif schlagen. Die Törtchen mit Sahnetuffs und kandierten Röschen dekorieren.

Blätterteigtaschen mit Mohn

500 g Tiefkühlblätterteig
250 g Aprikosenkonfitüre
4 EL Weinbrand
100 g gehackte Mandeln
2 Eigelb
3 EL Mohn

Den Blätterteig auftauen und auf bemehlter Fläche ausrollen. Mit einem Teigrädchen Quadrate von 10 mal 10 Zentimeter ausrädeln. Für die Füllung die Konfitüre durch ein Sieb streichen, leicht erwärmen und mit dem Weinbrand und den Mandeln verrühren. Die ausgekühlte Masse auf die Hälfte der Teigquadrate verteilen, die restlichen Teigquadrate aufsetzen. Mit Eigelb bestreichen und mit Mohn bestreuen. Ein Backblech mit Backpapier belegen, die Mohntaschen darauf geben und im vorgeheizten Backofen bei 200 °C (Gas: Stufe 3, Umluft: 180 °C) 20 Minuten backen.

Himbeerröllchen

125 g Butter
50 g Zucker
50 g Blütenhonig
100 g Mehl
1/2 TL gemahlener Ingwer
3 EL Weinbrand

Für die Füllung
300 g Himbeeren
500 g Sahne
1 Päckchen Sahnefestiger
1 EL Zucker

Außerdem
Puderzucker

Die Butter in einem Topf zum Schmelzen bringen. Zucker und Honig zugeben. Auf kleiner Flamme rühren, bis sich der Zucker aufgelöst hat. Den Topf vom Herd nehmen, die Masse auskühlen lassen. Das Mehl portionsweise einsieben und glatt rühren. Ingwer und Weinbrand zugeben. Ein Backblech mit Backpapier auslegen. Mit einem Teelöffel im Abstand von 10 Zentimeter Teighäufchen auf das Blech geben. Im vorgeheizten Backofen bei 200 °C (Gas: Stufe 3, Umluft: 180 °C) 8 bis 10 Minuten backen. Die Teigkreise noch warm um den Griff eines mit Butter eingefetteten Kochlöffels wickeln. Die Röllchen abstreifen und auf ein Kuchengitter legen.

Kurz vor dem Servieren die Himbeeren abbrausen. Die Sahne mit dem Sahnefestiger und dem Zucker steif schlagen. Die Himbeeren untermischen. Die Masse in einen Spritzbeutel mit Sterntülle geben und die Röllchen damit füllen. Mit Puderzucker bestäuben. Sofort servieren, sonst wird der Teig pappig.

Robinienblütenkrapfen

4 frisch gepflückte Robinienblütendolden
4 Eier
1 kräftige Prise Salz
2 EL Zucker
2 EL Mehl
2 EL Orangenlikör
Öl zum Ausbacken
Puderzucker

Die Blütendolden reinigen. Die Eier trennen. Eigelb, Zucker, Mehl und Orangenlikör verrühren. Die Eiweiße steif schlagen und unterheben. In einem Topf das Öl erhitzen. Die Robinienblütendolden in den Teig tauchen und in heißem Öl schwimmend ausbacken. Mit einem Schaumlöffel herausnehmen und mit Puderzucker bestäuben.

Zuckriger Knoten

500 g Mehl
30 g Hefe
2 EL Zucker
1/2 l Milch
80 g Butter
1 Prise Salz
2 Päckchen Vanillezucker
2 Eier
Öl zum Ausbacken
Hagelzucker

Das Mehl in eine Schüssel sieben und in die Mitte eine Vertiefung drücken. Hefe und Zucker in etwas lauwarmer Milch verquirlen und in die Vertiefung gießen. Mit wenig Mehl zu einem Vorteig verarbeiten. Zugedeckt an einem warmen Ort 15 Minuten gehen lassen. Auf den Mehlrand die Butter in Flöckchen, Salz, Vanillezucker und Eier geben. Von der Mitte her die Zutaten zu einem glatten Teig verkneten, dabei die restliche Milch zufügen. Den Teig kräftig schlagen. Zugedeckt an einem warmen Ort 30 Minuten gehen lassen, danach nochmals gut durchkneten. Aus dem Teig 1 1/2 Zentimeter dicke, 25 Zentimeter lange Rollen drehen, die Enden umeinanderschlingen wie zu einem Knoten. 15 Minuten gehen lassen.
Das Öl erhitzen, die Knoten schwimmend darin goldbraun backen. Mit einem Schaumlöffel herausnehmen, abtropfen lassen und reichlich mit Zucker bestreuen.

Oliebollen

500 g Mehl
30 g Hefe
100 g Zucker
300 ml Milch
2 saure Äpfel
1 EL Zitronensaft
je 100 g Rosinen
und Korinthen
50 g fein geschnittenes
Zitronat
1 Prise Salz
Öl zum Ausbacken
Puderzucker

Das Mehl in eine Schüssel sieben, in die Mitte eine Vertiefung drücken. Die Hefe mit 1 Teelöffel Zucker in etwas lauwarmer Milch verrühren und in die Vertiefung gießen. Etwas Mehl vom Mehlrand einrühren und einen Vorteig bereiten, 15 Minuten gehen lassen. Die Äpfel schälen, in Viertel, dann in kleine Würfel schneiden, dabei das Kerngehäuse entfernen. Die Apfelwürfel mit Zitronensaft marinieren. Auf dem Mehlrand Rosinen, Korinthen, Zitronat, Äpfel und Salz anordnen. Alle Zutaten von der Mitte her verkneten, dabei die restliche Milch zugeben. 30 Minuten gehen lassen.
Das Öl erhitzen. Aus dem Teig mit bemehlten Händen Kugeln formen, die Kugeln goldgelb ausbacken. Herausnehmen, auf Küchenkrepp abtropfen lassen und mit Puderzucker bestäuben.

Hoch mit prächtiger Füllung und Verzierung

Schokoladenrolle

4 Eier
125 g Zucker
1 Päckchen Vanillezucker
50 g Mehl
50 g Stärkemehl
1 TL Backpulver
3 EL Kakao
Zucker zum Bestreuen

Für die Füllung

1 Päckchen Puddingpulver Mandelgeschmack
100 g Zucker
$^1/_2$ l Milch
1 Prise Salz
250 g weiche Butter

Außerdem

50 g gemahlene Pistazien
Pralinen zum Dekorieren

Die Eier trennen. Eigelb in eine Schüssel geben und mit 4 Esslöffel warmem Wasser schaumig schlagen. Nach und nach 80 Gramm Zucker und den Vanillezucker einschlagen und weiterschlagen, bis die Masse cremig ist. Den restlichen Zucker unterschlagen. Eiweiß steif schla-

gen, auf die Eigelbmasse setzen. Mehl, Stärkemehl, Backpulver und Kakao vermischen und auf den Eischnee sieben. Vorsichtig unterheben.
Ein Backblech mit Backpapier auslegen, den Teig aufstreichen und im vorgeheizten Backofen bei 200 °C (Gas: Stufe 3, Umluft: 180 °C) etwa 12 Minuten backen. Auf die Arbeitsfläche ein Geschirrtuch geben und mit Zucker bestreuen. Den Biskuit darauf stürzen, das Backpapier mit kaltem Wasser anfeuchten und rasch abziehen. Den Biskuit mit dem Tuch einrollen und auskühlen lassen.
Für die Füllung das Puddingpulver mit dem Zucker in etwas kalter Milch glatt rühren. Die restliche Milch mit dem Salz zum Kochen bringen, das angerührte Puddingpulver einrühren, kurz aufkochen lassen, vom Herd nehmen und auskühlen lassen. Ab und zu umrühren, damit sich keine Haut bildet. Die Butter schaumig schlagen und den Pudding esslöffelweise einrühren. Dabei darauf achten, dass Butter und Pudding die gleiche Temperatur haben!
Den Biskuit auseinander rollen, mit der Hälfte der Creme bestreichen, aufrollen, mit der restlichen Creme bestreichen und mit einer Gabel wellenförmige Längsstriche ziehen. Zum Schluss mit Pistazien, Schokoraspeln, Pralinen oder Trüffel dekorieren.

Eiche

4 Eier
125 g Zucker
1 Päckchen Vanillezucker
50 g Mehl
50 g Stärkemehl
1 TL Backpulver
Zucker zum Bestreuen
Für die Füllung
1 Päckchen Puddingpulver Schokoladengeschmack
75 g Zucker
$^1/_2$ l Milch
1 Prise Salz
2–3 TL Instantkaffee
250 g weiche Butter
Außerdem
200 g Sahne
1 Päckchen Vanillezucker
Mokkabohnen (Fertigware)

Für den Biskuit die Eier trennen. Eigelb in eine Schüssel geben und mit 5 Esslöffel warmem Wasser schaumig schlagen. Nach und nach 80 Gramm Zucker und den Vanillezucker einschlagen und weiterschlagen, bis die Masse cremig ist. Den restlichen Zucker unterschlagen. Eiweiß steif schlagen und auf die Eigelbmasse setzen. Mehl, Stärkemehl und Backpulver vermischen, auf den Eischnee sieben und vorsichtig unterheben. Ein Backblech mit Backpapier auslegen und den Teig darauf mit einem Teigspachtel glatt streichen. Im vorgeheizten Backofen bei 200 °C (Gas: Stufe 3, Umluft: 180 °C) etwa 15 Minuten backen.

Für die Füllung das Puddingpulver mit dem Zucker in etwas kalter Milch glatt rühren. Die restliche Milch zum Kochen bringen, das angerührte Puddingpulver einrühren, kurz aufkochen lassen, vom Herd nehmen. Mit dem Instantkaffee abschmecken. Auskühlen lassen, dabei ab und zu umrühren, damit sich keine Haut bildet. Die Butter schaumig rühren, den Pudding esslöffelweise einrühren. Ein Geschirrtuch auf die Arbeitsfläche legen, mit Zucker bestreuen und den gebackenen Biskuit darauf stürzen, das Backpapier mit kaltem Wasser anfeuchten und rasch abziehen. Mit dem Geschirrtuch einrollen und abkühlen lassen. Die Biskuitrolle vorsichtig aufrollen, die Hälfte der Creme aufstreichen. Den Biskuit wieder zur Rolle formen, mit der restlichen Creme bestreichen. Mit einer Gabel wellenförmige Längsstriche ziehen. Kalt stellen. Die Sahne mit dem Vanillezucker steif schlagen, in einen Spritzbeutel mit kleiner Tülle füllen, Tupfer auf die Rolle spritzen und mit Mokkabohnen verzieren.

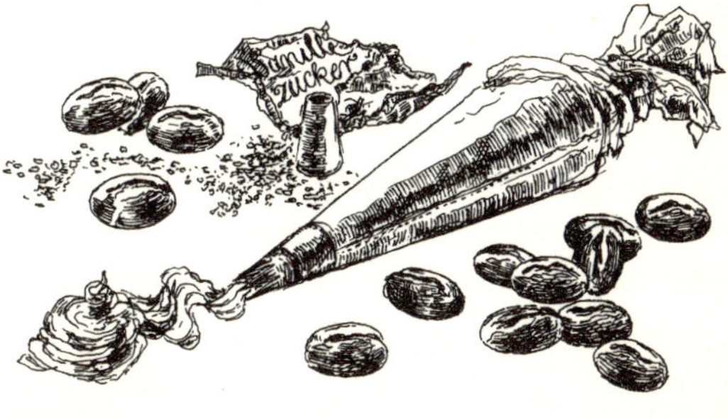

Nussrolle

4 Eier
125 g Zucker
1 Päckchen Vanillezucker
80 g Mehl
50 g Stärkemehl
1 Msp. Backpulver
Zucker zum Bestreuen

Für die Füllung
200 g gemahlene Haselnüsse
125 g Bienenhonig
125 g Sahne
1 EL Rum
100 g Orangenkonfitüre
100 g geröstete Mandelblättchen

Die Eier trennen. Eigelb mit 4 Esslöffel warmem Wasser in eine Schüssel geben und schaumig schlagen. Nach und nach 80 Gramm Zucker und den Vanillezucker unterschlagen und weiterschlagen, bis die Masse cremig ist. Den restlichen Zucker zugeben. Eiweiß steif schlagen und auf die Eigelbmasse geben. Mehl, Stärkemehl und Backpulver mischen, auf das steif geschlagene Eiweiß sieben und unterheben. Nicht rühren. Ein Backblech mit Backpapier auslegen und den Teig darauf geben. Im vorgeheizten Backofen bei 200 °C (Gas: Stufe 3, Umluft: 180 °C) 12 bis 15 Minuten backen.

Für die Füllung Nüsse, Honig, Sahne und Rum verrühren. Für den Biskuit ein Geschirrtuch auf die Arbeitsfläche legen und mit Zucker bestreuen. Den gebackenen Biskuit darauf geben, das Backpapier mit kaltem Wasser bestreichen und sofort abziehen. Den Biskuit mit der Füllung bestreichen und noch warm mit Hilfe des Geschirrtuches aufrollen. Die Orangenkonfitüre durch ein Sieb streichen, leicht erwärmen, die Rolle damit bestreichen und mit Mandelblättchen bestreuen.

Orangenrolle

4 Eier
125 g Zucker
1 Prise Salz
1 Päckchen Vanillezucker
75 g Mehl
25 g Stärkemehl
1 TL Backpulver
2 EL Kakao
Zucker zum Bestreuen

Für die Füllung
1 Päckchen Puddingpulver Sahnegeschmack
1/2 l Milch
3 EL Zucker
2 TL abgeriebene, unbehandelte Orangenschale
250 g weiche Butter
50 g Orangeat
100 g Krokant (-> Seite 107)
Pralinen zum Dekorieren

Die Eier trennen. Eigelb mit 4 Esslöffel warmem Wasser in einer Schüssel schaumig schlagen. Nach und nach den

Zucker, Salz und Vanillezucker zugeben, weiterschlagen, bis die Masse cremig ist. Eiweiß steif schlagen und auf die Eigelbcreme geben. Mehl, Stärkemehl, Backpulver und Kakao darüber sieben und alles unterheben. Ein Backblech mit Backpapier auslegen, die Biskuitmasse aufstreichen. Im vorgeheizten Backofen bei 200 °C (Gas: Stufe 3, Umluft: 180 °C) etwa 12 Minuten backen. Ein Geschirrtuch mit Zucker bestreuen, den Biskuit darauf stürzen, mit dem Tuch aufrollen und auskühlen lassen.

Für die Füllung das Puddingpulver in etwas kalter Milch glatt rühren. Die restliche Milch mit dem Zucker und der Orangenschale zum Kochen bringen. Das Puddingpulver einrühren, kurz aufkochen und auskühlen lassen. Dabei ab und zu umrühren, damit sich keine Haut bildet. Die Butter schaumig rühren, den Pudding esslöffelweise einrühren. Orangeat fein hacken und untermischen. Den Biskuit auseinander rollen, zwei Drittel der Creme aufstreichen, den Biskuit wieder aufrollen und rundum mit der restlichen Creme bestreichen. Krokant aufstreuen und mit Pralinen garnieren.

Igel

4 Eier
175 g Zucker
1 Päckchen Vanillezucker
100 g Mehl
100 g Stärkemehl
3 EL Kakao
2 TL Backpulver

Für die Füllung

200 g Butter
4 Eigelb
6 EL Puderzucker
3 EL Kakao

Außerdem

50 g Mandelstifte
300 g Zartbitterkuvertüre
2 Mandeln
1 kandierte Kirsche

Die Eier trennen. Eigelb in eine Schüssel geben und mit 4 Esslöffel warmem Wasser schaumig schlagen. Nach und nach 125 Gramm Zucker und den Vanillezucker unterschlagen, weiterschlagen, bis die Masse cremig ist. Eiweiß steif schlagen, auf die Eigelbcreme setzen. Mehl, Stärkemehl, Kakao und Backpulver vermischen, auf das Eiweiß sieben und alles vorsichtig unter die Eigelbcreme ziehen. Eine ovale Form mit Backpapier auslegen, den Teig einfüllen und im vorgeheizten Backofen bei 200 °C (Gas: Stufe 3, Umluft: 180 °C) etwa 30 Minuten backen. Für die Füllung die Butter schaumig schlagen. Eigelb, Puderzucker und Kakao unterschlagen. Die Creme kalt stellen. Den ausgekühlten ovalen Biskuitboden zweimal durchschneiden und mit der Creme füllen. Kalt stellen. Den Kuchen mit Mandelstiften bespicken. Die Kuvertüre zerkleinern, über heißem Wasserbad schmelzen und den Igel damit überziehen. Eine Mandel und die Kirsche halbieren und als Augen aufsetzen. Die restliche Mandel als Mund aufdrücken. Kalt stellen.

Sahnetorte

4 Eigelb
100 g Zucker
1 Päckchen Vanillezucker
1 Eiweiß
80 g Mehl
50 g Stärkemehl
1 TL Backpulver

Für die Baiserböden

3 Eiweiß
150 g feiner Zucker
1 Päckchen Vanillezucker
100 g gemahlene Mandeln

Für die Füllung

1 Päckchen Puddingpulver Himbeergeschmack
3 EL Zucker
$^1/_2$ l Milch
1 Prise Salz
2 EL Obstgeist (Himbeerwasser)
250 g Butter

Außerdem

3 EL Zucker
6 EL Obstgeist
100 g geröstete Mandelblättchen
1 TL Kakao
Schokoladenfrüchte zum Dekorieren (Fertigware)

In einer Schüssel Eigelb mit 3 Esslöffel warmem Wasser schaumig schlagen. Nach und nach 70 Gramm Zucker und den Vanillezucker unterschlagen und weiterschlagen, bis die Masse cremig ist. Den restlichen Zucker unterschlagen. Eiweiß zu steifem Schnee schlagen, auf die Eigelbmasse setzen. Mehl, Stärkemehl und Backpulver vermischen, auf den Eischnee sieben und alles vorsichtig unter die Eigelbcreme heben. Eine Springform mit Backpapier auslegen, den Teig hineingeben und im vorgeheizten Backofen bei 200 °C (Gas: Stufe 3, Umluft: 180 °C) etwa 25 Minuten backen.
Eiweiß steif schlagen, nach und nach Zucker und Vanillezucker unterschlagen, Mandeln unterheben. Eine Springform ausbuttern und mit gebuttertem Backpapier belegen. Die Hälfte der Baisermasse darauf geben, glatt streichen und im vorgeheizten Backofen bei 100 °C etwa 90 Minuten backen. Herausnehmen, das Papier mit kaltem Wasser befeuchten und sofort abziehen. Den nächsten Baiserboden auf die gleiche Weise backen.
Für die Füllung das Puddingpulver mit dem Zucker in etwas kalter Milch verrühren. Die restliche Milch mit dem Salz zum Kochen bringen, das angerührte Puddingpulver einrühren, kurz aufkochen lassen, vom Herd nehmen und den Obstgeist einrühren. Auskühlen lassen, dabei hin und wieder umrühren, damit sich keine Haut bildet.

Die Butter schaumig rühren und den Pudding esslöffelweise einrühren. Kalt stellen. Den Zucker mit 6 Esslöffel Wasser zum Kochen bringen, auskühlen lassen und mit dem Obstgeist verrühren. Einen Baiserboden mit einem Viertel der Creme bestreichen, den Biskuitboden auflegen und mit dem Zuckerwasser beträufeln. Die Hälfte der restlichen Buttercreme aufstreichen, den anderen Baiserboden darauf setzen. Mit der restlichen Creme die Oberseite und den Rand bestreichen. Den Rand mit Mandeln verzieren. Die Torte leicht mit Kakao bestäuben und mit Schokoladenfrüchten garnieren.

Zimtsahnetorte mit Schokospänen

6 Eier
150 g Zucker
1/2 TL abgeriebene, unbehandelte Zitronenschale
200 g gemahlener Mohn
150 g Mehl
2 TL Backpulver

Für die Zimtsahne
750 g Sahne
2 Päckchen Vanillezucker
1 TL Zimt

Außerdem
100 g geröstete Mandelblättchen
100 g Zartbitterschokolade

Die Eier trennen. Eigelb in eine Schüssel geben und mit 3 Esslöffel warmem Wasser schaumig schlagen. Nach und nach 100 Gramm Zucker und die Zitronenschale einrühren. Weiterschlagen, bis die Masse cremig ist. Eiweiß mit dem restlichen Zucker steif schlagen und auf die Eigelbmasse geben. Mohn, Mehl und Backpulver vermischen und mit dem Eischnee unter die Eigelbmasse heben. Nicht rühren. Eine Springform mit Backpapier auslegen, den Teig einfüllen, glatt streichen und bei 180 °C (Gas: Stufe 2, Umluft: 160 °C) etwa 45 Minuten backen. Herausnehmen, noch einige Minuten in der Form lassen, dann auf ein Kuchengitter zum Auskühlen setzen. Den Boden zweimal durchschneiden.

Die Sahne mit dem Vanillezucker und dem Zimt steif schlagen. Die Torte mit der Hälfte der Zimtsahne füllen und mit der restlichen Zimtsahne ringsum bestreichen. Den Rand mit Mandelblättchen bestreuen. Die Tortendecke mit Schokoladenspänen verzieren. Dafür von der Schokolade (von der Schmalseite her) mit einem Kartoffelschäler Späne abschaben.

Marzipantorte

5 Eier
150 g Zucker
1 Prise Salz
100 g Mehl
100 g Stärkemehl
2 gestrichene TL Backpulver
80 g gemahlene Haselnüsse

Für die Füllung

1 Päckchen Puddingpulver Schokoladengeschmack
125 g Zucker
1 EL Kakaopulver
1/2 l Milch
250 g Butter

Außerdem

200 g Aprikosenkonfitüre
4 EL Obstgeist
200 g gehackte, geröstete Haselnüsse
200 g Marzipan-Rohmasse
Schokoladenstreusel

Die Eier trennen. Eigelb in eine Schüssel geben und mit 2 Esslöffel warmem Wasser schaumig schlagen. Nach und nach den Zucker einrieseln lassen und alles cremig schlagen. Eiweiß mit Salz steif schlagen und vorsichtig unterziehen. Mehl, Stärkemehl und Backpulver vermischen, auf die Eiercreme sieben und zusammen mit den Haselnüssen unterheben. Eine Springform mit Backpapier auslegen, den Teig einfüllen, glatt streichen und im vorgeheizten Backofen bei 180 °C (Gas: Stufe 2, Umluft: 160 °C) etwa 30 Minuten backen. Herausnehmen und etwas auskühlen lassen. Aus der Form nehmen und auf ein Kuchengitter setzen. Auskühlen lassen und dann zweimal waagerecht durchschneiden.

Für die Füllung das Puddingpulver mit dem Zucker, Kakaopulver und etwas kalter Milch glatt rühren. Die restliche Milch zum Kochen bringen, das angerührte Puddingpulver unter Rühren eingießen und kurz aufkochen lassen. Vom Herd nehmen und auskühlen lassen. Dabei öfter umrühren, damit sich keine Haut bildet. Die Butter schaumig schlagen und den Pudding esslöffelweise unterrühren. Dabei darauf achten, dass Butter und Pudding die gleiche Temperatur haben, damit die Creme nicht gerinnt. Die Aprikosenkonfitüre durch ein Sieb streichen und mit dem Obstgeist verrühren.

Zwei Tortenböden zuerst mit Konfitüre, dann mit je einem Viertel der Creme bestreichen und aufeinander setzen. Den dritten Boden obenauf geben und mit einem weiteren Viertel der Creme rundum bestreichen. Die restliche Creme in einen Spritzbeutel mit Lochtülle füllen. Die Tortenmitte im Durchmesser von 10 Zentimeter mit der Hälfte der gerösteten Haselnüsse bestreuen. Aus dem Marzipan kleine Kugeln formen und in den restlichen Haselnüssen wälzen. In die Tortenmitte auf die Nüsse setzen. Rundherum mit dem Spritzbeutel große und kleine Tupfen setzen, die Spitzen hochziehen. Den Tortenrand mit Schokoladenstreuseln garnieren.

Frankfurter Kranz

4 Eier
125 g Zucker
150 g Mehl
50 g Stärkemehl
1 TL Backpulver
50 g Butter
Zwiebackbrösel

Für die Füllung

1 Päckchen Puddingpulver Vanillegeschmack
1/2 l Milch
1 Päckchen Vanillezucker
100 g Zucker
1 Prise Salz
250 g Butter

Außerdem

150 g Krokant
125 g Sahne
16 kandierte Kirschen

Die Eier trennen. Eigelb in eine Schüssel geben und mit 4 Esslöffel lauwarmem Wasser schaumig schlagen. Nach und nach den Zucker unterschlagen und weiterschlagen, bis die Masse cremig ist. Eiweiß steif schlagen, auf die Eigelbmasse geben. Mehl, Stärkemehl und Backpulver vermischen und auf den Eischnee sieben. Alles vorsichtig unter die Eigelbmasse heben. Die Butter zerlassen, abkühlen lassen und unterziehen. Eine Kranzform ausbuttern und mit Zwiebackbröseln ausstreuen. Den Teig einfüllen, glatt streichen und im vorgeheizten Backofen bei 200 °C (Gas: Stufe 3, Umluft: 180 °C) etwa 35 Minuten backen. Herausnehmen, einige Minu-

ten in der Form lassen, dann auf ein Kuchengitter setzen. Auskühlen lassen. Den Kranz zweimal waagerecht durchschneiden.
Für die Füllung das Puddingpulver in etwas kalter Milch glatt rühren. Die restliche Milch mit dem Vanillezucker, Zucker und dem Salz zum Kochen bringen, das Puddingpulver einrühren, aufkochen lassen, vom Herd nehmen und auskühlen lassen, dabei ab und zu umrühren, damit sich keine Haut bildet. Die Butter schaumig rühren und den Pudding esslöffelweise einrühren. Mit reichlich der Hälfte der Creme den Kranz füllen und mit der restlichen Creme rundum bestreichen. Die Creme mit einem Papierstreifen glätten und mit Krokant bestreuen. Die Sahne steif schlagen, in einen Spritzbeutel mit Tülle geben und den Kranz mit 16 Rosetten bespritzen. Auf jede Rosette 1 kandierte Kirsche setzen.
Tipp: Krokant lässt sich ganz einfach selbst herstellen. Dafür 75 Gramm gehackte Mandeln, Hasel- oder Walnüsse leicht anrösten. Bei großer Hitze 150 Gramm Zucker langsam unter Rühren schmelzen. Sobald der Zucker glatt gelöst ist, den Topf vom Herd nehmen und Mandeln oder Nüsse in die goldgelbe Flüssigkeit rühren. Die Krokantmasse auf eine dünn eingeölte, möglichst kühle Fläche gießen. Ganz erstarren und erkalten lassen. Dann mit einem Nudelholz zerkleinern.

Schokocremetorte

4 Eier
125 g Zucker
1 Päckchen Vanillezucker
1 EL Zitronensaft
2 EL Weinbrand
1 Prise Salz
150 g Mehl
50 g Stärkemehl
1 TL Backpulver
50 g gemahlene Mandeln
50 g Butter

Für die Mandelröllchen
100 g Zucker
100 g Butter
100 g Honig
150 g gehackte Mandeln
70 g Mehl
4 EL Milch

Für die Creme
400 g Zartbitterkuvertüre
450 g Butter
200 g Puderzucker
6 Eigelb

Außerdem
Pralinen zum Garnieren

Die Eier trennen. Eigelb in einer Schüssel mit 2 Esslöffel warmem Wasser schaumig schlagen. Nach und nach Zucker und Vanillezucker, Zitronensaft und Weinbrand zugeben. So lange weiterschlagen, bis die Masse cremig ist. Eiweiß mit Salz steif schlagen und unterheben. Mehl, Stärkemehl und Backpulver vermischen, auf die Eiermasse sieben und mit den gemahlenen Mandeln und der zerlassenen, abgekühlten Butter unterheben. Nicht rühren. Eine Springform mit Backpapier auslegen, den

Teig einfüllen, glatt streichen und im vorgeheizten Backofen bei 180 °C (Gas: Stufe 2, Umluft: 160 °C) etwa 35 Minuten backen. Herausnehmen, etwas auskühlen lassen und aus der Form nehmen. Das Backpapier entfernen, den Tortenboden auf einem Kuchengitter auskühlen lassen, dann zweimal waagerecht durchschneiden.

Für die Mandelröllchen Zucker, Butter und Honig in einen Topf geben und unter Rühren erhitzen, bis sich der Zucker aufgelöst hat. Vom Herd nehmen. Die Mandeln zugeben. Das Mehl mit der Milch verquirlen und ebenfalls einrühren. Erhitzen und einige Male aufwallen lassen. 5 Minuten auskühlen lassen. Ein Backblech mit Backpapier auslegen. Die Mandelmasse in Kreisen von 10 Zentimeter Durchmesser aufstreichen und im vorgeheizten Backofen bei 180 °C (Gas: Stufe 2, Umluft: 160 °C) etwa 5 Minuten backen. Herausnehmen und sofort um den Griff eines gebutterten Kochlöffels wickeln, abstreifen, auf ein Kuchengitter setzen und auskühlen lassen.

Für die Creme die Kuvertüre zerkleinern und im heißen Wasserbad schmelzen. Die Butter in einer Schüssel schaumig schlagen. Den Puderzucker sieben, mit den Eigelben unterschlagen. Die flüssige, ausgekühlte Kuvertüre unterrühren.

Die Hälfte der Creme auf den beiden Tortenböden verteilen und glatt streichen. Die Böden aufeinander setzen, den dritten Boden obenauf geben. Die Torte ringsum mit Creme bestreichen. Den Rest in eine Spritztüte mit Lochtülle füllen, die Tortenoberfläche mit Rosetten bespritzen, die Spitzen dabei hochziehen. Die Mandelröllchen ringsum anlegen, leicht andrücken. Den Außenrand der Torte mit Pralinen garnieren. Kalt stellen. Wegen der frischen Eier sollte die Torte bald verzehrt werden.

Prinzregententorte

4 Eier
250 g Zucker
1 Prise Salz
1/2 TL abgeriebene, unbehandelte Zitronenschale
250 g Butter
200 g Mehl
2 EL Stärkemehl
1 TL Backpulver

Für die Creme
1 Päckchen Puddingpulver Schokoladengeschmack
2 TL Stärkemehl
100 g Zucker
2 EL Kakao
1/2 l Milch
275 g Butter

Für die Glasur
200 g Puderzucker
3 EL Kakaopulver
1 EL weiche Butter

Die Eier trennen. Eigelb mit Zucker schaumig schlagen. Salz, Zitronenschale und die zerlassene, ausgekühlte Butter einrühren. Mehl, Stärkemehl und Backpulver vermischen, sieben und nach und nach unterrühren. Eiweiß zu steifem Schnee schlagen und vorsichtig unter den Teig ziehen.

Aus dem Teig acht Böden backen. Dafür jeweils einen Springformboden von 26 Zentimeter Durchmesser ausbuttern und gleichmäßig mit einem Achtel des Teiges bestreichen. Im vorgeheizten Backofen bei 180 °C (Gas: Stufe 2, Umluft: 160 °C) 7 bis 8 Minuten backen. Die Böden sollen goldgelb sein.

Nach dem Backen die Böden sofort vom Springformboden lösen und zum Abkühlen vorsichtig auf ein Kuchengitter legen.

Für die Creme das Puddingpulver mit dem Stärkemehl, dem Zucker und dem Kakao in etwas kalter Milch glatt rühren. Die restliche Milch zum Kochen bringen, die angerührte Masse hineingeben, gut verrühren und kurz aufkochen lassen. Vom Herd nehmen und auf Zimmertemperatur auskühlen lassen. Dabei mehrmals umrühren, damit sich keine Haut bildet. Die Butter, die ebenfalls Zimmertemperatur haben muss, schaumig schlagen. Esslöffelweise den Pudding einrühren. Sieben ausgekühlte Tortenböden mit der Creme bestreichen und aufeinander setzen. Den letzten Boden unbestrichen auf die Torte geben.

Für die Glasur den Puderzucker mit dem Kakao vermischen, in eine Schüssel sieben. 2 Esslöffel heißes Wasser und die Butter zufügen. Alles verrühren. Die Torte ringsum mit einem breiten Messer bestreichen, kühl stellen.

Mokkatorte

Für den Teig
3 TL Instantkaffee
100 g Zartbitterkuvertüre
200 g Butter
250 g Zucker
4 Eier
300 g Mehl
1 EL Stärkemehl
1/2 Päckchen Backpulver
1 TL Zimt
100 g geröstete, gehackte Mandeln

Für die Füllung
400 g Sahne
350 g Zartbitterkuvertüre
150 g weiche Butter
2 EL Puderzucker
1 TL Zimt
4 EL Weinbrand
Kakaopulver zum Bestäuben

Für den Krokant
100 g Zucker
125 g gehackte Haselnüsse

Für die Pralinen
100 g Sahne
75 g Butter
5 EL Weinbrand
1/2 TL Zimt
300 g Zartbitterkuvertüre
4 EL Puderzucker

1/8 Liter Wasser erhitzen, vom Herd nehmen, Pulverkaffee darin auflösen und die zerkleinerte Kuvertüre darin glatt rühren. Auskühlen lassen. Die Butter mit dem Zucker schaumig schlagen. Nach und nach die Eier, dann die Kuvertüre einrühren. Mehl, Stärkemehl, Backpulver und Zimt vermischen, über die Butter-Ei-Masse sieben, die Mandeln ebenfalls zugeben und alles vorsichtig unterheben. Eine Springform ausbuttern, mit Mehl bestäuben, den Teig einfüllen, glatt streichen und bei 200 °C (Gas: Stufe 3, Umluft: 180 °C) etwa 45 Minuten backen. Auskühlen lassen, aus der Form nehmen und zweimal waagerecht durchschneiden.
Für die Füllung die Sahne in einem Topf zum Kochen bringen, zerkleinerte Kuvertüre hineingeben und kurz aufkochen lassen. In eine Schüssel füllen und erkalten lassen. Mit Butter, Puderzucker und Zimt schaumig schlagen, den Weinbrand unterrühren. Die Creme in drei Teile teilen. Mit je einem Drittel zwei Tortenböden bestreichen und aufeinander setzen. Dann den oberen Boden aufsetzen und die Torte rundum mit der restlichen Creme bestreichen. Die Torte obenauf mit Kakao bestäuben.
Für den Rand den Zucker goldbraun karamellisieren und die Haselnüsse einrühren. Die Masse auf Alufolie streichen und auskühlen lassen. Mit einem Nudelholz zerkleinern. Den Krokant auf den Rand geben. Kalt stellen.

Für die Pralinen die Sahne in einem Topf zum Kochen bringen. Vom Herd nehmen. Butter, Weinbrand, Zimt und die zerkleinerte Kuvertüre hineingeben und glatt rühren. Kühl stellen. Aus der Masse Kugeln formen, in Puderzucker wälzen und die Torte damit dekorieren.

Mokka-Baiser-Torte

8 Eiweiß
2 EL Zitronensaft
225 g Zucker
100 g Puderzucker
1 EL Stärkemehl
2 EL Kakaopulver
1 EL Instantkaffee

Für den Belag
500 g Erdbeeren
3 Blatt weiße Gelatine
3 EL Kaffeelikör
1000 g Sahne
2 EL Zucker

Außerdem
Kandierte Blüten
(–> Seite 86)

Für die Baiserböden die Eiweiße steif schlagen, dabei nach und nach Zitronensaft und Zucker zugeben. Puderzucker, Stärkemehl, Kakaopulver und Pulverkaffee vermischen und vorsichtig unter den Eischnee heben. Aus der Masse drei Böden und außerdem 24 Stäbchen von 8 Zentimeter Länge und 3 Zentimeter Breite backen.

Drei Backbleche mit Backpapier auslegen und mit einem Bleistift je einen Kreis von 25 Zentimeter Durchmesser anzeichnen. Die Baisermasse in einen Spritzbeutel mit Lochtülle füllen und spiralförmig auf die skizzierten Kreise spritzen. An den Rand der Backbleche die Stäbchen spritzen. Dabei auf ausreichend Zwischenraum achten, weil die Masse beim Backen auseinander läuft. Die Bleche hintereinander im vorgeheizten Backofen bei 120 °C jeweils 40 Minuten backen. Auskühlen lassen.

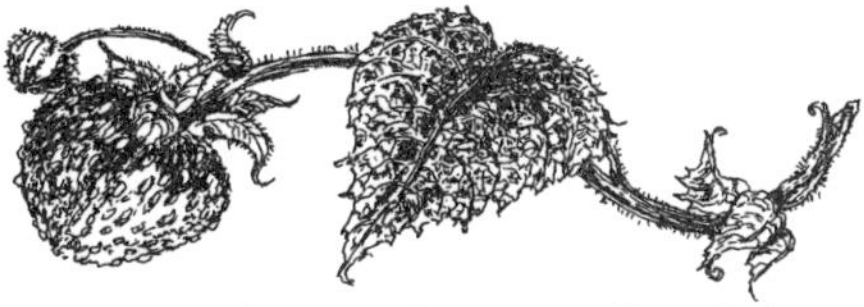

Die Erdbeeren waschen und putzen. Die Gelatine in kaltem Wasser einweichen, ausdrücken und in leicht erwärmtem Kaffeelikör auflösen. Die Sahne mit dem Zucker steif schlagen. 2 Esslöffel Sahne in die Gelatine rühren, dann die restliche Sahne unterheben. Zwei Baiserböden mit der Hälfte der Sahne bestreichen und aufeinander setzen. Den dritten Boden obenauf legen. Die restliche Sahne halbieren. Mit einer Hälfte den Rand bestreichen, die Baiserstäbchen andrücken. Die andere Hälfte in einen Spritzbeutel mit Sterntülle füllen und Rosetten aufspritzen. In die Zwischenräume die Erdbeeren geben. Mit kandierten Blüten dekorieren.

Erdbeer-Marzipan-Torte

6 Eier
200 g Zucker
125 g Mehl
75 g Stärkemehl
2 gestrichene TL Backpulver
75 g gemahlene Haselnüsse
1/2 TL abgeriebene, unbehandelte Zitronenschale

Für die Füllung
500 g Erdbeeren
4 Blatt weiße Gelatine
4 Orangen
3 rosa Grapefruits
125 g Zucker
2 EL Stärkemehl
4 Eigelb
600 g Sahne

Außerdem
250 g Marzipan-Rohmasse
125 g Puderzucker
125 g gemahlene Pistazien
750 g Erdbeeren
1 unbehandelte Orange

Für den Teig Eier und Zucker schaumig schlagen. Mehl, Stärkemehl und Backpulver vermischen und auf die Eimasse sieben. Die Haselnüsse aufstreuen und alles zusammen mit der Zitronenschale unterheben. Eine Springform mit Backpapier auslegen, den Teig einfüllen, glatt streichen und im vorgeheizten Backofen bei 180 °C (Gas: Stufe 2, Umluft: 160 °C) etwa 30 Minuten backen. Herausnehmen, den Tortenboden auf einem Kuchengitter auskühlen lassen, danach zweimal waagerecht durchschneiden.

Für die Füllung die Erdbeeren waschen, putzen und in Scheiben schneiden. Die Gelatine in etwas kaltem Wasser einweichen. Orangen und Grapefruits auspressen. Den Saft mit Zucker und Stärkemehl verrühren, zum Kochen bringen und vom Herd nehmen, 5 Minuten auskühlen lassen, dann die Eigelbe einrühren. Die Masse auf mindestens 50 °C auskühlen lassen, anschließend die eingeweichte und ausgedrückte Gelatine einrühren. Die Erdbeeren unterheben. Die Sahne steif schlagen und unterziehen.
Zwei Tortenböden mit je einem Viertel der Creme bestreichen und aufeinander setzen. Den dritten Boden obenauf geben. Mit einem Teil der restlichen Creme die Torte rundum bestreichen. Den restlichen Teil der Creme in einen Spritzbeutel mit Lochtülle füllen und Rosetten auf den Tortenrand spritzen.
Für die Marzipanröllchen die Marzipan-Rohmasse mit dem Puderzucker verkneten. Aus der Masse dünne, fingerlange Röllchen formen und in der Hälfte der Pistazien wenden. Die restlichen Pistazien auf die Torte streuen. Die Erdbeeren waschen, putzen und kreisförmig auf der Torte verteilen. Die Marzipanröllchen an den Tortenrand drücken. Die Orange mit einem scharfen Messer dünn abschälen, die Schale in feine Streifen schneiden und die Torte damit verzieren.

Mandelbiskuit mit Fruchtsahne

3 Eier
80 g Zucker
½ TL abgeriebene, unbehandelte Zitronenschale
1 Prise Salz
50 g Mehl
3 EL Stärkemehl
2 EL gemahlene Mandeln

Für die Erdbeersahne

4 Blatt weiße Gelatine
500 g Sahne
2 EL Puderzucker
1 Päckchen Vanillezucker
2 EL Zitronensaft
4 EL Obstgeist
300 g Erdbeeren
2 EL Weißwein

Außerdem

200 g Marzipan-Rohmasse
150 g Puderzucker
200 g Sahne
1 Päckchen Sahnefestiger
100 g geröstete Mandelblättchen
24 große, feste Erdbeeren
Melisseblättchen

Die Eier trennen. Eigelb, Zucker und Zitronenschale mit 3 Esslöffel warmem Wasser schaumig schlagen. Eiweiß mit Salz steif schlagen, zur Eigelbmasse geben, das Mehl und das Stärkemehl darüber sieben, die Mandeln zufügen und alles untermischen. Eine Springform ausbuttern und mit Mehl bestäuben. Den Teig einfüllen und glatt streichen. Im vorgeheizten Backofen bei 200 °C (Gas Stufe 3, Umluft: 180 °C) etwa 15 Minuten backen. Herausnehmen, auskühlen lassen und waagerecht halbieren.
Für die Erdbeersahne die Gelatine in kaltem Wasser einweichen. Die Sahne mit Puderzucker und Vanillezucker steif schlagen, Zitronensaft und Obstgeist zufügen. Die Erdbeeren waschen, putzen, zerkleinern und unter die Sahne mischen. Den Wein erwärmen, die ausgedrückte Gelatine darin auflösen und unter die Sahne rühren. Einen Tortenboden mit der Sahne bestreichen, den anderen Tortenboden auflegen. Kalt stellen.
Die Marzipanmasse mit 100 Gramm Puderzucker verkneten und in Tortengröße ausrollen. Die Marzipanplatte auf die Torte legen und mit etwas Puderzucker bestäuben. Die Sahne mit dem Sahnefestiger und dem restlichen Puderzucker steif schlagen, den Tortenrand damit bestreichen und mit Mandelblättchen bestreuen. Die Erdbeeren waschen und halbieren. Mit den Melisseblättchen rings um die Torte legen.

Erdbeertorte mit Pistazien

175 g Butter
175 g Zucker
1 Prise Salz
3 Eier
125 g Mehl
1 EL Stärkemehl
1 gestrichener TL Backpulver

Für den Belag
4 Blatt weiße Gelatine
500 g abgetropfter Sahnequark
4 EL Rum
4 EL Zucker
300 g Sahne
1 kg Erdbeeren
100 g gemahlene Pistazien

Butter, Zucker und Salz schaumig schlagen. Nach und nach die Eier unterrühren. Weiterrühren, bis die Masse cremig ist. Mehl, Stärkemehl und Backpulver vermischen, auf die Eimasse sieben und unterrühren. Eine Tortenbodenform ausbuttern, den Teig einfüllen und glatt streichen. Im vorgeheizten Backofen bei 180 °C (Gas: Stufe 2, Umluft: 160 °C) etwa 25 Minuten backen. Herausnehmen und auskühlen lassen.
Für den Belag die Gelatine in etwas kaltem Wasser einweichen. Den Quark in eine Schüssel geben und mit Rum und Zucker verrühren. Die Gelatine tropfnass in einem kleinen Topf bei geringer Hitze auflösen, dann unter die Quarkmasse rühren. Kalt stellen. Sobald die

Masse zu gelieren beginnt, die Sahne steif schlagen und unterheben. Die Erdbeeren waschen, putzen und halbieren. Die Quark-Sahne auf den Tortenboden geben, die Pistazien aufstreuen und die Erdbeeren darauf anordnen. Bis zum Servieren kalt stellen.

Torte mit Joghurtsahne

4 Eier
150 g Zucker
1 Päckchen Vanillezucker
1 Prise Salz
100 g Mehl
50 g Stärkemehl
1 TL Backpulver
80 g Butter

Für die Füllung
200 g Joghurt
4 EL Zucker
2 Päckchen Vanillezucker
Saft von 1/2 Zitrone
300 g Quark
3 Blatt weiße Gelatine
300 g Sahne
300 g Erdbeeren

Außerdem
150 g geröstete Mandelblättchen
500 g gemischte Beeren
100 g weiße, geraspelte Kuvertüre

Die Eier trennen. Eigelb in eine Schüssel geben und mit 2 Esslöffel warmem Wasser schaumig schlagen. Nach und nach Zucker und Vanillezucker zufügen. Weiterschlagen, bis die Masse cremig ist. Eiweiß mit etwas Salz steif schlagen und unterziehen. Mehl, Stärkemehl und Backpulver vermischen, auf die Eimasse sieben und mit der zerlassenen, abgekühlten Butter unterheben. Dabei nicht rühren. Eine Springform mit Backpapier auslegen, den Teig hineingeben und im vorgeheizten Backofen bei 180 °C (Gas: Stufe 2, Umluft: 160 °C) etwa 40 Minuten backen. Herausnehmen und etwas auskühlen lassen. Den Boden aus der Form nehmen und zum Auskühlen auf ein Kuchengitter setzen. Danach einmal waagerecht durchschneiden.

Für die Füllung Joghurt, Zucker, Vanillezucker und Zitronensaft verrühren. Den Quark durch ein Sieb streichen und unterrühren. Die Gelatine in 3 Esslöffel kaltem Wasser einweichen, leicht erhitzen, auflösen und unter die Joghurt-Quark-Masse rühren. Die Sahne steif schlagen und unterheben. Die Hälfte der Masse kühl stellen. Die Erdbeeren, waschen, putzen, pürieren und zur restlichen Quarkmasse geben. 2 Stunden in den Kühlschrank stellen. Einen Tortenboden mit der Erdbeermasse bestreichen, den anderen Boden darauf geben und rundum mit der hellen Masse bestreichen. Den Rand der Torte mit Mandelblättchen verzieren. Die Beeren waschen und putzen. Mit den Beeren die Torte dekorieren. Mit geraspelter Kuvertüre bestreuen.

Eistorte mit Kiwis und Erdbeeren

750 g saure Sahne
Saft von 1/2 Zitrone
1 TL abgeriebene, unbehandelte Zitronenschale
2 EL Zwiebackbrösel
1 Eiweiß
200 g Zucker
1 Prise Salz
500 g Sahne
1 Päckchen Sahnefestiger
1 Päckchen Vanillezucker
4 Kiwis
500 g Erdbeeren
4 EL gehackte Pistazien

Die saure Sahne in ein Leinentuch geben, über einem Sieb abtropfen lassen und in eine Schüssel füllen. Mit Zitronensaft und -schale verrühren. Den Boden und den Rand einer Springform mit Backpapier auslegen. Zwiebackbrösel einstreuen. Eiweiß mit 1 Esslöffel Zucker und einer Prise Salz steif schlagen. Die Hälfte der Sahne steif schlagen und mit dem Eischnee unter die saure Sahne heben. Die Masse in die Springform füllen und 3 Stunden in den Gefrierschrank stellen. 30 Minuten vor dem Servieren aus dem Eisfach in den Kühlschrank stellen. Die Kiwis schälen, halbieren und in Scheiben schneiden. Die Erdbeeren waschen und putzen. Die restliche Sahne mit dem Sahnefestiger und dem Vanillezucker steif schlagen und in einen Spritzbeutel mit Lochtülle füllen. Die Torte aus der Form nehmen, das Backpapier entfernen. Die Tortenoberfläche mit der Sahne bespritzen. Kiwischeiben am Rand, die Erdbeeren in der Mitte anordnen. Pistazien aufstreuen. Sofort servieren.

Biskuit-Sahne-Torte

250 g Löffelbiskuits
200 g weiche Butter
2 Blatt weiße Gelatine
125 g Zucker
4 Eigelb
1 TL abgeriebene, unbehandelte Zitronenschale
4 EL Zitronensaft
750 g Mascarpone
400 g Sahne
1 kg gemischte Beeren
100 g weiße, geraspelte Kuvertüre
Kandierte Veilchen (–> Seite 9)

Die Biskuits zerbröseln und mit 100 Gramm Butter vermengen. Den Boden einer Springform mit Backpapier auslegen, die Biskuitmasse darauf geben. Im vorgeheizten Backofen bei 180 °C (Gas: Stufe 2, Umluft: 160 °C) 8 bis 10 Minuten backen. Herausnehmen und auskühlen lassen.

Die Gelatine in etwas kaltem Wasser einweichen. Die restliche Butter mit Zucker und Eigelb schaumig schlagen. Zitronenschale, -saft und Mascarpone unterschlagen. Die Gelatine tropfnass in einem kleinen Topf bei geringer Hitze auflösen und unterziehen. Die Sahne steif schlagen und unterheben. Den Rand der Springform einfetten und Backpapierstreifen anlegen. Die Sahnemasse auf den Biskuitboden geben und glatt streichen. 3 bis 4 Stunden in den Tiefkühlschrank geben. Die Torte aus der Form nehmen, auf einen Kuchenteller setzen. Die Beeren auf der Torte anordnen und mit geraspelter Kuvertüre und kandierten Veilchen garnieren.

Über dieses Buch

Die Autorin Oda Tietz hat Germanistik studiert und danach als Journalistin gearbeitet. Seit 20 Jahren konzentriert sie sich jetzt auf den Bereich Kochen und Ernährung. Ergebnis dieser Tätigkeit ist eine Vielzahl höchst erfolgreicher Kochbücher. Oda Tietz lebt in Leipzig.

Danksagung Recht herzlich bedanken möchten wir uns bei der Firma Porzellanfabriken Christian Seltmann GmbH/Weiden i. d. Oberpfalz, die uns freundlicherweise das Porzellan zur Verfügung gestellt haben.

Weltbild Buchverlag – Originalausgaben –

Projektleitung: Friederike Lutz
Redaktion: Heike Pressler
Umschlag: X-Design, München
Titelbild: Helga Florian, München
Layout: Nina Engel
Illustrationen: Beate Brömse, München
DTP/Satz: Lydia Koch, Augsburg
Druck und Bindung: Ebner Ulm
Gedruckt auf chlorfrei gebleichtem Papier

Printed in Germany
ISBN 3-89604-356-0

Rezeptverzeichnis